锁脑

如何瞬间、深度、持久地影响他人

程志良 / 著

机械工业出版社
CHINA MACHINE PRESS

这是一个注意力稀缺而信息过载的时代。在这种激烈竞争的环境下，传统意义上的影响力模式正在渐渐失去它的魔力和魅力。

《锁脑》是开启影响力升级的一本著作，它剖析了大脑的三种核心决策模式和机制——直觉、理性、自我，系统地揭示了大脑的决策逻辑和原则，告诉你如何更加科学有效地影响他人。

书中针对每级脑锁都提出了5个比较核心的信息加密原则，只要你的信息设计遵循这样的原则，接触到信息的大脑就会被锁上。本书的适读人群为品牌、产品经理，以及营销人员、企业管理人员。

图书在版编目（CIP）数据

锁脑/程志良著. —北京：机械工业出版社，2018.10（2025.5重印）
ISBN 978-7-111-60966-7

Ⅰ. ①锁… Ⅱ. ①程… Ⅲ. ①市场心理学 Ⅳ. ①F713.55

中国版本图书馆 CIP 数据核字（2018）第 215794 号

机械工业出版社（北京市百万庄大街22号　邮政编码100037）
策划编辑：胡嘉兴　戴思杨　　责任编辑：戴思杨
责任校对：李　伟　　　　　　责任印制：张　博
北京建宏印刷有限公司印刷
2025年5月第1版·第3次印刷
170mm×242mm·18.25 印张·1 插页·191 千字
标准书号：ISBN 978-7-111-60966-7
定价：59.90 元

电话服务　　　　　　　　　网络服务
客服电话：010-88361066　　机　工　官　网：www.cmpbook.com
　　　　　010-88379833　　机　工　官　博：weibo.com/cmp1952
　　　　　010-68326294　　金　书　网：www.golden-book.com
封底无防伪标均为盗版　　　机工教育服务网：www.cmpedu.com

前 言
PREFACE

　　这是一个注意力稀缺而信息却过载的时代。在这种激烈竞争的环境下,传统意义上的影响力模式正在渐渐失去它的魔力和魅力。也就是说,采用传统意义上的影响力法则,已经不能再有效地影响和左右他人了。影响力正在向着更深层、更科学、更精准也更符合大脑生理机能和决策模式的方向发展,影响力已经开启了"精耕细作"的新时代。《锁脑》剖析了大脑的三种核心决策模式和机制——直觉、理性、自我,系统地揭示了大脑的决策逻辑和原则。《锁脑》是开启影响力升级的一部著作,它会告诉你如何更加科学有效地影响他人。其实,如今的各种升级都是影响力的升级,如零售的升级、体验的升级、消费的升级等,离开了对人们影响力的升级,就无法实现真正意义上的升级。

　　我们每天都在消费,但是我们并不知道自己的大脑是怎样做出决策的。其实，从一个简单的决策行为就可以看出大脑是如何受三种决策机制影响的。

假设你要为女儿买一条裙子，当你点开网站页面的一瞬间，通常大脑优先关注的是粉色系的裙子。这就是大脑快速地、自动地、无意识地凭直觉为你做出了决策，告诉你粉色系很适合女孩，所以你首先会无意识地关注那些粉色系的裙子。这个阶段你想买粉色的裙子，就是直觉锁在发挥作用。在大部分的决策中，大脑都会优先启动直觉评估模式。

这里我们需要补充一点内容，即大脑做出的所有的决策和判断的核心动机都是"确定"，大脑是一个进行确定的机器。"确定"是大脑的核心功能。面对各种信息，如果大脑无法做出确定的判断，就不能产生任何行为反应。而"确定"就是大脑告诉你是好是坏、是对是错等判断和评估的结果。大脑一旦确定就会锁上。锁上的大脑才能根据确定的判断，做出相应的反应——产生行为。大脑的确定有两种模式：一种是有意识的，一种是无意识的。也就是说，大脑有时候是被无意识的确定给锁上的，有时候是根据有意识的确定锁上的。直觉锁就是大脑被无意识的确定锁上。

看看女儿的衣橱，你就会发现很多时候你买衣服都是凭直觉做出决定的。直觉锁是大脑在接收到信息后，采用直觉加工模式对信息进行快速粗评，从而确定的结果。直觉系统是大脑的傻瓜式决策模式，它追求的是快速、本能、不费力气地对信息做出评估。在这个阶段，大脑只对信息做出简单的"好坏"评估。直觉锁是瞬间产

前　言

生的，不受人们的意识控制，让人瞬间就对信息产生倾向，从而影响人们的行为。

但是很多时候，大脑不会仅凭直觉做出决定。人们生活在一个复杂的社会中，会更加理性地评估所面临的问题。比如，当你关注到粉色系的裙子后不久，你的理性有可能会介入。大脑会对信息进行全面的、整体的、精细的评估，试图让你做出最好的、更适当的决策。在这个阶段，大脑的目的是对信息做出"更好还是更坏"的评估，也就是对信息进行有意识的精细加工。这时你会想，女儿衣橱里的衣服都是粉色系，这次应该给她买一条颜色不一样的裙子，比如白色的、蓝色的等。可是你看着蓝色的裙子，又感觉这个颜色太男孩子气，于是放弃了这个选择。而当你看到白色裙子的时候，你觉得很好看。这可能是因为你想到了女儿穿上这条白裙子的某个情景，比如像个可爱的小公主。所以，你的理性试图让你购买一条白色的裙子，告诉你白色会显得更有价值。

虽然很多时候人们会优先受到直觉的影响，但是人是有理性的。人们会通过理性的思考对信息进行全面深入的评估，做出自认为更好或者最好的选择。更好和最好很多时候是思想制造的一种假象和错觉。人们认为努力思考就是为了获得更好的结果，就可以获得更好的结果、做出更好的选择。比如通过想象女儿穿着白裙子像公主一样高贵可爱，你就会确定要买一条白裙子。这就是思想制造了理性锁，让你做出了选择。

当然，很多时候人们不会仅仅通过理性就做出决策。因为大脑还有另外一套决策机制——自我锁。在下订单的时候你又会想，白色裙子很容易脏，她爸会不会嫌我不会买衣服呢？孩子整天在外面乱跑，衣服老是脏兮兮的可不好。这时你很有可能就打消了买白色裙子的念头，这就是自我锁在发挥作用。大脑告诉你，买白色的裙子可能会让老公说自己是不会买衣服的妈妈。而如果你是在为自己选衣服，自我决策模式启动后，你会考虑到白色是不是符合自己的身份，会不会让自己看上去傻傻的。决策让自己看上去是好还是坏，就是自我锁做出的判断。大脑围绕自我决策的时候，目的是判断信息"让'我'看上去是好还是坏"。自我锁对人们的影响最强烈，一旦产生作用，就会很持久。

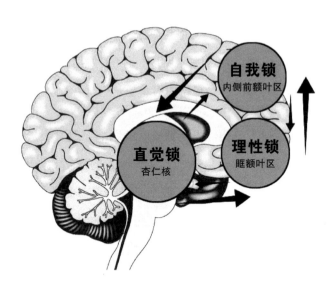

前　言

读到这里，你也许会产生一个疑问，人们会在哪种锁的作用下做出最终决策呢？这要看三种锁中带有的情感是否与人们当时的情感重心相匹配。大脑的决策基本上是围绕信息中情感的强弱做出的，书中我们会具体谈到这个问题。

《锁脑》这本书将深度解析大脑的三大决策模式，告诉你大脑面对信息做出决策的依据，以及遵循的原则和规律。书中针对每级脑锁提出了五个比较核心的信息加密原则，只要你的信息设计遵循这种原则，就会让大脑在接触到信息的时候被锁上。这样一来，你就可以利用信息的设置，让他人朝着你希望的方向前进。

《锁脑》这本书能问世，要感谢那些在影响力、行为决策、脑神经、心理学领域做出深入研究和贡献的科学家。在此向罗伯特·B.西奥迪尼、丹尼尔·卡尼曼、理查德·泰勒、阿莫斯·特沃斯基、戴维·迈尔斯、丹·艾瑞里及其他大师表示深深的敬意！正是有了他们的研究基础，我才为自己的理论体系找到了科学的依据。我很荣幸成为站在这些巨人肩上继续探究这个领域的人。

在这个竞争激烈的时代,希望这本书能够成为你深入掌握影响力法则和决策原理的升级之作,也希望这本书的内容可以更加有效地指导你的工作和生活,让你活出不一样的人生。

目 录
CONTENTS

前言

第一部分　直觉锁：瞬间将大脑锁上

第一章　一旦认出就会锁住

1　一旦确定就会认出	3
2　大脑如何认出信息	5
3　直觉锁：第一时间的第一感觉	8

第二章　直觉锁加密原则之一：定向启动

1　有效的定向启动	12
2　预先设定就会带锁	16
3　大脑如何产生信任	19
4　定向启动的三个原则	23

第三章　直觉锁加密原则之二：情感匹配

1　大脑决策的核心是情感　　30
2　如何自带好感　　33
3　情感要符合人们的期待　　37
4　复杂和混乱都是在破坏情感　　40
5　与有情感的事物发生关系　　43

第四章　直觉锁加密原则之三：少而显著

1　少就可以带锁　　46
2　少而简单容易让人相信　　48
3　只要不费力气大脑就会喜欢　　52
4　从细节中可以快速提炼出情感　　55
5　价值来自细节　　58
6　如何制造正向扩散　　61
7　光环就是保护层　　64

第五章　直觉锁加密原则之四：易于获得

1　轻松认出大脑就会锁上　　67

目 录

2	增强画面感	70
3	增强替代性	77
4	增强熟悉感	80
5	增强典型性	84
6	增强愉悦感	86

第六章 直觉锁加密原则之五：情景开启

1	情景决定价值	91
2	情景决定感觉	93
3	借助情景开启需求	96

第二部分 理性锁：深度地将大脑锁住

第七章 理性是变相的认出

1	你为什么能做出更加适当的行为	103
2	构建事物未来可能的样子	106
3	赋予了新的意义	107

第八章　理性锁加密原则一：情感增强

1　情感转变给人理性的错觉　110
2　得与失哪种情感更强烈　113
3　联合强烈的感情因素影响决策　117

第九章　理性锁加密原则二：意志增强

1　意志增强就是动力增强　123
2　激起大脑补全的意志　126
3　增强限制感　129
4　从背景中分离出来的方法　135

第十章　理性锁加密原则三：时间优化

1　借助时间来优化你的目标　139
2　3＋7＝美好未来　143
3　引发决策焦虑改变偏好　147
4　解除未来负面的可能　150
5　没有未来的未来　153

第十一章 理性锁加密原则四：价值锁定

1 锁定已经产生的价值　　157
2 锁定已经投入的价值　　160
3 情感重心就是价值所在　　163
4 如何让价值唯一化　　166

第十二章 理性锁加密原则五：行为优先

1 先有正面的行为，后有喜欢　　171
2 引导行为优化目标　　176
3 增强参与感　　184

第三部分　自我锁：持久地将大脑锁住

第十三章 与我相关就会重要

1 自我锁：更顽固的脑锁　　189
2 大部分人的信念　　194
3 大部分人的自我意志　　197

第十四章　自我锁加密原则一：强势关联

1	如何与用户建立强势关联	201
2	和你一样的大多数	204
3	向中心收缩：个性化锁定	206
4	人格化你的信息	209
5	强势关联是情感强势增强	212

第十五章　自我锁加密原则二：进入的渴望

1	自我是进入某种状态的执念	216
2	增强仪式感	218
3	增强自我连接	228

第十六章　自我锁加密原则三：逃离的意志

1	增强自主感	235
2	重设有效的参照点	239
3	假设一种负面可能	243
4	感到自我是一种负面的存在	246

目 录

第十七章 自我锁加密原则四：逆反心理

1 人人都有坚硬的壳   252
2 不可能，绝对不可能   255
3 逆着他来才能顺了你意   257
4 成为人们信念的一部分   259

第十八章 自我锁加密原则五：认知傲慢

1 尝到甜头，就吃不了苦头   261
2 启动既定的自我   265
3 抗拒的局面下，如何升级他人的认知   267
4 让他人产生心理优势   270
5 根据用户偏见讲故事   272

第一部分

直觉锁：瞬间将大脑锁上

第一章
一旦认出就会锁住

1　一旦确定就会认出

一家店铺生意好不好,顾客喜不喜欢、会不会来重复消费,在顾客进入这家店的一瞬间就已经决定了。我身边就有一家果蔬超市,在我走进去的一瞬间我就莫名地喜欢上了,有一种想要购买很多东西的冲动。你要让我说它好在哪里,我一下子还真说不出来。这就像生活中,你时常会听到身边有人这样说:"我一看到那个人,就感觉他很烦人,很不招人喜欢"或者"我看到那个人就感觉他很招人喜欢，觉得他是个好人……"但是如果让他说那个人为什么讨厌，为什么不招人喜欢，或者具体喜欢那个人的哪一点，他也说不上来。你能感觉得到，但表达不出来。人们在接收信息的时候，内心都会有细微的感受，但并不是每个细微的感受都能上升到人的意识层面，都能表达出来。这种细微的感受影响着人们对事物的情绪、判断和决策，以及接下来的行为。它是在不知不觉中发生的，是不受你的意识左右的。这种细微的感受，就是大脑在接收信息的时候，一瞬间认出了信息，产生了直觉锁。直觉锁产生后，接下来会发生什么呢？它会直接影响人们的行为。比如我会在那家果蔬超市买很多东西，会想要经常去那里。对于一个人来说，接下来你就会产生一种冲动，想要远离他或者接近他、继续了解他。

虽然在我走进那家超市的一瞬间，我无法具体说出为什么喜欢，但是我的大脑认出了这些信息，告诉我这是好的、高档的。比如整个超市一尘不染，非常干净；货架的设计很有艺术气息；货架之间的过道足够宽敞；果蔬经过了精挑细选，品质非常好，而且摆放得整整齐齐，包括灯光的设计等都符合大脑直觉对好的判断标准。更加重要的是，服务员的态度非常好。在后面增强愉悦感的章节中，我会说到这家超市的服务员具体好在哪里。也就是说，这家超市中所有的信息都带了直觉锁，让你一看到就会自动地喜欢，一看到就觉得它是好的、高档的，这就是我喜欢这家超市的原因。而且事实也表明，这样的果蔬超市开一家火一家。直觉锁要研究的内容，就是信息中带有什么元素能让大脑第一时间产生好感，从而影响人们

第一部分
直觉锁：瞬间将大脑锁上

的行为。

大脑之所以能够瞬间自动的对事物做出好坏的判断，是因为大脑在接收信息的时候会启动直觉判断——快速粗评。直觉判断最根本的原则，是借助过往经验为信息匹配上意义。我对那家果蔬超市产生莫名的喜欢，就是由于大脑在看到果蔬超市很干净、果蔬摆放很整齐等信息的时候，为这些信息匹配上了意义。有了意义我就能认出这些事物是否是好的、高档的，从而对其产生好坏的判断。不为信息赋予意义，我将无法理解自己看到、听到、触摸到的世界，无法确定眼前的事物是什么，以及对我来说是好是坏。是意义，让大脑对那些纯粹的信息做出确定的判断。一旦确定，就等于大脑认出了信息的好坏，就会被锁住。而锁住是为了让人们做出相应的反应，产生某种行为。

2　大脑如何认出信息

我们之所以能在自己还没有意识到的情况下就做出反应，是因为大脑在一瞬间为信息匹配了意义。这个过程主要依托于大脑皮层与边缘系统的反应回路。边缘系统的主要脑区是杏仁核和海马。

大脑把听觉和视觉皮层接收到的信息向眶额叶传递的时候，要经过杏仁核。经过杏仁核后，信息就被动了手脚，匹配了意义。我们感知到的信息在被大脑皮层传输到边缘系统的瞬间就被赋予了意

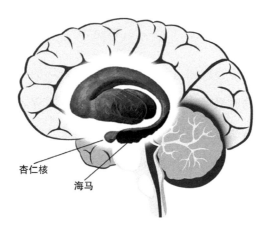

义。感知和被赋予意义是在瞬间无缝结合的,所以我们根本意识不到这其中发生了什么,信息就已经匹配了确定的意义。意义一旦确定,人们就知道该采取什么方式面对外在事物——是靠近还是远离。

在这套瞬间完成的机制中,杏仁核就像一个机械分拣系统的闸口。这个闸口储存着人们过往的情绪记忆,信息从此流过,在此初检,进行标注,贴上标签,将感觉与过往的情绪内容连接在一起,分拣到不同的区域。信息在此被分拣为:我需要的、我期望的、我记忆中的、我熟悉的、对我重要的等。简单来说,就是为信息初步贴上好坏的标签。信息一旦被赋予意义,就会带有情感色彩,确定信息是好是坏。这里我们要强调的一点是,人们在关注信息之前,对信息的认知和偏见就已经形成了,信息进入大脑后,瞬间进行了标注。

杏仁核的作用就是将感知转化为意义。杏仁核会告诉人们一些关于事物本质的重要信息。这就像你看到一朵鲜艳的红玫瑰,大脑

第一部分
直觉锁：瞬间将大脑锁上

马上赋予它美好的意义，即它代表着爱情、热烈、美好。你能确定它是好的，就知道接下来该怎么对待它。你会知道，如果你把它送给妻子，妻子会很高兴；如果你把它放在屋里，就可以显得屋子有活力。这也是为什么你没有拿一根枯树枝送给妻子的原因。因为它没有被赋予美好的意义，它有的更多的是负面意义，比如衰败等。人们活在一切都不确定的世界里，之所以能理解它并且可以游刃有余地生活，都是因为人们对这个世界的感觉是确定的。人们有确定感，就是因为赋予了这个世界意义。

我们都知道要想让一台电脑运转起来，除了硬盘、电源、内存等硬件的支撑，还需要有软件系统，也就是利用各种代码编写的程序。对于大脑来说，它的硬件就是脑干、大脑、小脑等组成部分。而支撑大脑运转起来的软件程序，则是由各种意义、价值、情感等编写而成的。也就是说，大脑要想对人发号施令，让人产生行动，第一需要硬件的支撑——健康的大脑；第二需要程序的支撑——在信息中赋予的价值、意义和情感。

大脑的运转是需要内容的，这个内容就是情感和意义。让大脑产生直觉锁的核心硬件是杏仁核、下丘脑等边缘系统。而启动这些系统的，就是在信息进入大脑后被赋予的价值和意义。信息被赋予意义后，我们就分出了好坏，事物就带有了情感，我们就知道是该靠近一些还是躲远一点。意义就是人们思考的素材和工具，没有意义人们的思考就无法继续。

大脑边缘系统负责快速做出好坏的评估，对信息形成直觉和第一印象。直觉一旦形成，大脑就会锁上，也就是确定了信息是好是坏，接下来，就会马上启动情绪反应。就像我进入那家果蔬超市，将自己看到、听到的与好的意义匹配起来，让我产生了细微的喜好倾向，这种情感促使我想要在这里消费更多。这种反应完全是自动化完成的，是不受意识控制的。而这一连串的反应，都是在杏仁核被激活的情况下进行的。

3　直觉锁：第一时间的第一感觉

婴儿刚出生的时候，医生们通常会做一件很有意思的事情，他们会在第一时间让妈妈把衣服撩起来，把婴儿放在妈妈的胸前，让婴儿和妈妈进行最亲密的接触，让他试着吃奶，感受妈妈的心跳和气味。医生为什么要这样做呢？早在20世纪70年代，一些发展心理学家和儿科医生就认为，婴儿出生后的几小时，是母子形成依恋关系的最佳时间。医生第一时间这样做，就是为了让母子联络情感。一些研究也发现，医生这样做的确使得母子的联结更为牢固了，但是得到联结强化的并不是婴儿，而是母亲。婴儿对母亲的联结，是在长达4~5个月的时间里逐渐建立起来的。关于母子关系的建立，有一项重要的心理学研究，那就是印刻效应。

最早发现印刻效应的是德国行为学家海因洛特。早在1910年，

第一部分
直觉锁：瞬间将大脑锁上

他在一个实验中无意发现了一个奇怪的现象——母鹅孵小鹅的时候，小鹅破壳而出的一瞬间，会本能地认定自己第一眼看到的可移动的物体是自己的母亲，它们会本能地跟在后面奔跑，而且会产生"依恋"关系。这个现象的惊人之处在于，一旦小鹅对某个物体形成了这种跟随反应，它就很难再对其他物体形成这种反应了。也就是说，这种跟随反应是不可逆转的。海因洛特将这一现象称作铭刻作用。后来海因洛特的学生康拉德·洛伦茨，对这一现象做了进一步的研究和认证，最终提出了"印刻效应"这一概念。

印刻效应在人类身上也同样存在。就像我们开篇说到的，婴儿一出生会先抱给妈妈，让婴儿吃奶，在妈妈的胸前感受一下。这也是为了让婴儿和母亲产生印刻效应，即依恋关系。

印刻效应是我们所说的直觉锁脑的一种现象——对印刻的对象（印刻者）快速地、无条件地接受和信任。印刻对象不单是人，也可以是一个观念、行为或者任何事和物。就比如你看到苹果手机设计得很前卫、价格很贵，就会对他产生高端大气的印象。这种印象一旦形成，就会影响到你对苹果产品，或者其他品牌手机的认知和判断。印刻效应一旦形成，就可以持续很久，而且很多时候是不可逆的。印刻效应与条件反射不一样，它不依赖于强化过程（不涉及奖赏），它可以瞬间产生，影响终生。

印刻是大脑凭直觉产生的，它在很大程度上取决于第一印象。形成印刻效应有一个关键的要素，那就是"敏感期"。比如第一次接触和遇见、青春期、结婚、生子等重大事件发生时期，都可以让人们产生印刻效应。也就是说，人们面临明显不确定的时期、大脑对事物重新产生认知的时刻，人们的认识最容易发生改变，也最容易产生印刻效应。这就像你刚进入鬼屋冒险的时候，很想抓住一个人的手获得一点安全感一样。你第一次注意到一个人或事物时，对其没有经验、拿不定主意的时候，很容易通过直觉对其产生印刻效应。

商家在包装产品的过程中可以借助人们敏感时期容易形成印刻效应的特点，让用户对自己的产品产生迷恋。就比如商家可以描绘一个女孩失恋的情景，伤心抑郁的女孩手中拿着某个产品，试图让自己感受到生活的美好。失恋时，人们的价值观最容易发生改变，这时人们内心也很脆弱，如果某个产品能带给用户温暖和关怀，就很容易在用户的心中形成印刻效应。最近看到一款专为18岁刚成人的女孩设计的鸡尾酒，产品广告传达出的信息是18岁可以开始享受微醺的感觉了。这款产品就是以女孩成长中的关键时期——18岁成人为切入点来开拓市场的。在女孩们的这个关键时期，有一种专为她们设计的鸡尾酒，让她们开始享受成人的生活，这会让女孩们感受到满满的关爱。将女孩们初次接触成人世界的这个关键时期与这款鸡尾酒关联起来——关键时期+特别的感觉=微醺，这样的组合很容易在初尝成人生活的女孩心中形成印刻效应。

说到印刻，我们可以来看另一种常见的现象，那就是一见钟情。现在让你来判断两对恋人未来的感情发展方向，预测他们是否有在一起的可能性。其中一对是一见钟情相识的，另一对是经过了各种

第一部分
直觉锁：瞬间将大脑锁上

条件的筛选理智相识的。你认为哪一对恋人能相处得更久呢？

事实证明，一见钟情在一起的情侣，最终修成正果的可能性更高。这是为什么呢？

心理学家蒂莫西·威尔逊和他的同事做过一些相关的实验和调查。他们发现，首次约会的男女双方都满意时，也就是他们彼此的第一印象都比较好时，他们两个人将来在一起的可能性就比较大，也会相处得更长久。

这说明了第一印象对人们的影响是持久和深刻的，这是因为第一印象在人们的大脑中形成了直觉锁。直觉锁是自动、快速地产生一种好或坏的感觉，从而影响人们行为的一种现象。直觉锁一旦对人们产生影响，将是比较持久的。重要的是，你无法左右直觉锁的产生，也无法阻止。只要受到刺激，它就会自觉自动地反应。直觉锁看似不受我们的意识控制，但其实大脑直觉对信息的反应，也是遵循一定模式和规律的。只要信息符合大脑的直觉反应模式，大脑在接收信息的时候，就会被信息控制，形成直觉锁，从而影响人们的行为。

要想让大脑瞬间产生直觉锁，信息就要符合五个基本原则，它们分别是定向启动、情感匹配、少而显著、易于获得、情景开启。只要你的信息符合这些信息加密原则，就很容易让人产生直觉锁，让受众在无意识中接受你的引领。

第二章
直觉锁加密原则之一：定向启动

1　有效的定向启动

当你打算到自助餐厅用餐的时候，总是想这次去了要放开大吃一顿。开自助餐厅的老板也很担心顾客有这种想法。其实，老板的这种担忧完全是多余的。只要在顾客用餐的时候调整一下播放的音乐，顾客就会吃得少，而且吃得快，还会想要匆匆地离开。我们曾经在一家自助餐厅做过一项调查，观察顾客在餐厅播放节奏快慢不同的音乐时用餐的时间。当播放快节奏的音乐时，顾客咀嚼的速度

第一部分
直觉锁：瞬间将大脑锁上

会加快，期间很少停下来休息，而且会匆匆地吃完走人。同样的，他们吃的东西也没有比一般人更多。根本不像我们想的那样，顾客的用餐时间会很长，吃很多东西。在快节奏音乐的伴奏下，大部分顾客在 45 分钟到 55 分钟的时间内就会完成用餐。而在慢节奏音乐的伴奏下，顾客不但吃得慢，而且中间会停下来休息，这样一来他们吃的东西也会比一般人多。在舒缓音乐的伴奏下，大部分顾客的用餐时间在一个半小时左右。

顾客之所以有吃得快与慢的不同的反应，是因为播放的音乐在不知不觉中启动了人们的行为。快音乐启动了人们快的行为，咀嚼快，动作快，匆匆地离开。而慢音乐启动了人们慢的行为，吃得慢，动作放慢，想要休息。这就是定向启动的作用。定向启动就是指人们接收到的信息，让人联想到了特定的事物，产生了特定的影响，从而做出特定的行为。

人们接收到的信息，会让人产生一连串的联想。这些信息无论是人们无意间感知到的，还是有意识觉察到的，也无论是听到的、看到的、触摸到的，还是想到的等，都会激起大脑一连串的复杂联想。一条信息进入大脑，就像往水里扔了一块石头，它会以信息点为中心扩散开来产生涟漪。就比如你看到一个苹果或者看到苹果这个词语，你会想到爱情、酸甜的味道、牛顿、手机、乔布斯或者一棵大树等。你可能联想到和苹果相关或者不相关的任何人和事物。面对大脑的这种复杂的联想机制，要想实现定向启动，是比较困难的事情。只有深入了解大脑的联想机制，对信息做深度优化，才可以实现定向启动。商家的一些做法之所以成功，就是利用了定向启动的心理原理，占据了用户的大脑，只不过他们可能并不知道自己的做法符合了这样的心理学原理。

说到定向启动，就需要先了解一下启动效应。美国的心理学家约翰·巴奇是研究自动化和无意识加工的心理过程的权威，他是最早研究启动效应的的专家。他和同事在1990—1991年做了一系列的研究来证实启动效应。在其中一个实验中，他给参与实验的被试看一组词，比如"福罗里达州、皱纹、痛苦、黄色的、马上"这五个词，并让被试从中任意挑出四个词组成一个句子。但研究人员向被试撒了一个谎，并没有告诉被试们测试真正的目的。

研究人员为其中一组被试提供的词是随机的，被试在重新排列组合这些词的时候不会产生特定联想。而给另一组提供的词有一半以上的含义与老年人相关，比如"驼背、健忘、秃顶、满脸皱纹"等。他们想通过这种方式，让被试在组合这个句子的时候，产生特定的联想——一个老人的形象。

被试们在完成了造句的任务之后，又被安排到大厅另一头的房间里去参加其他实验。从实验室到另一头的房间的过程，才是这个实验的关键所在。研究人员悄悄测量了被试们走完这段距离所用的时间。结果巴奇发现了一个有意思的现象，那些以老人为主题组合句子的被试，经过走廊所花的时间，明显长于另一组被试。也就是说，被试之前接受的那些信息，影响了他们随后的行为。

第一部分
直觉锁：瞬间将大脑锁上

巴奇把这种现象称为"启动效应"，即人们所受到的前一刺激，能够影响到其对后续某一刺激的加工。这个实验发现一些被人们忽视的、无意识接收的信息，影响到了人们之后的行为。就比如用描写老年人的词语造句时，无意识接收的信息，影响了人们之后的行为——走路的速度变慢了。这其中最重要的是这种改变是人们自动地、无意识地完成的。

巴奇提出这个理论后，很多心理学家重复了他的实验，但是却不能得出同样的结果。有些心理学家直接说启动效应并不存在。真的不存在吗？启动效应当然是存在的，就像我们在餐厅做的调查，节奏快而鲜明的音乐，的确启动了人们吃饭时加快咀嚼的行为。我们应该研究的是什么样的信息才能实现启动效应，而不是质疑它存不存在。这也是我们在做定向启动时面临的问题：我们的信息该如何有效启动人们的某种联想，甚至是某种行为呢？

由于大脑联想机制的复杂性，使得想要重复某种特定的效果，就需要对信息和环境以及其他条件做深入的优化。也就是说要搞清楚信息如何设置、在什么情况或条件下可以产生启动效应以及定向启动。就像在巴奇的实验中，如何在人们接受了那些和老人有关的词语之后，确定能启动人们的行为——走路变慢，而不是产生其他的反应。这才是关于定向启动我们要研究的重点。

2 预先设定就会带锁

定向启动就是通过事先设定信息，把人们的行为引向特定的方向。你想让人们想到什么，或者把他们带向哪里，让他们感受到什么，就需要对信息做相应的设定。比如巴奇想让被试走路变慢，他设定的信息就一定要让人想到蹒跚的老人。要实现定向启动，预先设定信息是非常重要的环节，心理学又将其称作预置。我们可以通过预置信息来影响人们之后的行为。过去的某个刺激，若是影响了你的行为和思维方式，或者影响了你接收后来产生的另一个刺激的方式，便叫作预置。简单来说就是预先设定。

心理学家格伦·福斯特（Glen Foster）和詹姆斯·叶塞戴克（James Ysseldyke），在1976年做了一项意义深远的研究。这项实验挑战了那些经验丰富的教师的认知误区。研究者挑选了一些教学经验丰富的老师参与实验，他们有着十几年的工作经验。这些老师被随机分为四组，观看同一段视频。这段视频记录的是一个四年级的男生参加校内一系列活动的过程。这个男孩本身并没有什么特别的地方，各项指标都属于正常水平。但是，就是这样一个极其正常的学生，在这些老师的眼里却变得有问题了。这是怎么回事呢？

在这些老师观看视频前，研究人员向他们传达了不同的信息。他们分别向这四组老师描述了这个学生的特点。他们告诉第一组的

第一部分
直觉锁：瞬间将大脑锁上

老师,视频中的男孩是个情绪不稳定的孩子,对第二组的老师说男孩是个没有学习能力的学生,对第三组的老师说男孩的心理发育滞后,唯独没有向第四组的老师传达任何信息。

看完视频后,研究人员请老师们填写一份关于这个孩子的问卷。结果发现,之前被告知孩子情绪不稳定、无能或心理有问题的老师,打分标准很苛刻,给孩子的评分都比较低。在他们看来,这个男孩在活动中,内心充斥着恐惧和冲突。事先给孩子贴上标签,真的让老师们产生了预期,他们都没有避免预置信息对判断的影响。而没有事先给孩子贴上标签的老师,对孩子没有任何预期,打分标准也没有那么苛刻。在他们眼中,视频中的孩子完全以正常的方式完成了任务。当然了,如果给这个孩子贴上正面的标签,比如他很聪明、很善于与同学们互动,也能产生相应的效果。

老师们之所以对孩子做出了错误的判断,就是因为研究人员事先在被试的大脑中植入了一个信念,也就是预先设定了老师们接下来对这个男孩的判断和理解。

你想让人们怎样去想一个苹果,你就可以在信息中进行怎样的设定。如果你只是说"一个苹果",人们脑海中苹果的形象就是模糊的。而如果你说"一个又大又红的苹果",那么苹果的形象肯定就不同了。这两句话哪句能够让你瞬间产生生动的联想呢?一定是后者,因为这样的信息是带锁的。带锁就是设定了你联想的方向。"大"和"红"就是其中的方向。实验中没有进行事先设定的那组的老师,没有受到任何的引导。在他们眼中那个男孩没有任何特别之处，只是一个普通的学生。若事先设定了这个男孩是怎样的人，老师们就会怎样理解他的行为。同样的，商家的很多宣传行为都是对产品的预设，比如在鸡蛋的包装盒上印上"安全、无农药残留、无抗生素"。这就是在预设你对鸡蛋的理解和看法，把它引向正面的方向。

上面这些做法是在将人们引向特定的联想对象，或者是引导人们以特定的方式理解对象。那么，如果我们想唤起人们对事物的某种情感该怎么做呢？我们可以在信息中继续加锁。比如要想唤起人们对一个红苹果的惋惜感，就可以说"一个红苹果掉在地上，摔烂了"。这时人们脑子里刚刚构建起来的那个又大又红的苹果，会随着这句话一起摔在地上，心中马上就会产生一种惋惜感。

在商业行为中，要想进行有效的信息预设，首先要明确你想要的是什么。至少你应该清楚地知道这几个问题：

你想要用户怎么理解你的产品？比如高档的、优质的还是时尚的等；

你要让用户感受到什么？比如亲切感、活力感、安全感、高级感等；

你要让用户联想到什么？比如沙滩、大海、阳光等。

无论你是想让用户想到什么、发现什么，还是怎么看、怎么理

第一部分
直觉锁:瞬间将大脑锁上

解,你都要在信息中加锁。锁就是一种限制,把用户的大脑思维限制在一个范围内。如果你希望用户把你的产品理解为高档的,就要在信息中设定能让人们联想到高档的信息,比如奢华、名流、尊荣、显赫、典范等描述高贵的词。可口可乐的广告通常要给人以活力感,所以在文案中就设定能表达活力的词语,比如阳光、青春、火热等。

一条有效的信息,一定是预先做了设定的,一定是你有了一个目标以后,通过在信息中加锁,将人们的大脑思维引向你希望他们去的方向。这其中重要的是,你知道要把用户带向哪里,另外就是在信息中加锁,限制大脑的联想范围。你一定要有一个概念,文案中的每个词、每句话以及每个图案都有预设功能。你要考虑到你加进去的每一个词和图案分别具有什么功能,人们看到后会想到什么,是什么感觉。

3 大脑如何产生信任

读到这里你也许有个疑问,人们为什么会相信你的设定是真实的呢?人们对你的信息产生信任感,是由大脑的工作原理造成的。如果你不明白这其中的科学原理,就不能充分地利用预设功能。反之,你会惊奇地发现,大脑竟然可以任由你摆布。

大脑在接收信息的时候,会无意识地去理解它。这是大脑的一个特性,除非它没有关注到,否则无论是听到的、看到的、闻到的还是想到的，大脑都会对其进行解读。对于大脑来说，它只有理解了信息，才能知道信息对自己来说意味着什么。而一旦理解了，大脑就会确认信息的真实性。就比如："你可以不去想象一头白熊吗？"你要执行这个指令，首先要理解这句话说的是什么。理解它的时候，你的脑中就会联想到一头白熊。不然你根本不知道该如何去理解这句话。就在你理解的时候，这头白熊已经冲进了你的大脑。能呈现在大脑中的信息，会被认为是真实存在的，这句话中的白熊对你来说也已经存在了。这使你在执行不去想起一头白熊的指令时，你总是要先想到它。结果每指令一次这个指令都会想到白熊一次，你只要不想想起它就等于又在想起它。如果没有合适的方法，你是很难把大脑制造的这头白熊赶出去的。

大脑要想理解信息说的是什么，就需要呈现它，而呈现在大脑中的信息，会被默认为真实的信息。也就是说，大脑在接收信息的时候，会默认其为真实，只要大脑没有问"为什么？怎么会这样？这怎么可能？"就算接受了它。大脑理解它、认出它的过程，就是相信它的过程，也是说服自己的过程。

当你看到"一个大蓝苹果"这句话的时候，会有什么感受呢？这句话不像"一个大红苹果"那么容易理解。大脑接收到这个信息后，不是先质疑它，而是先试着理解它，试着联想出一个蓝苹果的模糊形象。这个形象的产生，是激活苹果和蓝色两者关联的过程。要想理解这句话，你的大脑必须完成这个关联的过程，把它呈现出来，假设它是存在的、真实的。当你的大脑中产生这个形象以后，

第一部分
直觉锁：瞬间将大脑锁上

接下来要做的一件事情，就是把这个形象存在的可能合理化。大脑会把这个形象放进一个合理的情景中，让它的存在变得合理。大脑会认为这条信息说的是一个玻璃做的蓝苹果，或者是个水晶苹果。如果你看到的是"一个大黑苹果"，你可能会认为它是个腐烂的苹果，或是被涂黑的苹果。这就是你在合理化黑苹果存在的可能。大脑构建、解释、理解的过程，就是在说服自己相信。只要人们能在脑海中自圆其说，大脑就会默认接受信息的描述。对大脑来说，能理解的就是真的。

记住，大脑不会轻易被一些信息难倒，它的存在就是为了理解这个世界，它不会随便说不知道、不明白，为了理解这个世界，它总是拼尽全力。也可以说，怀疑不是人的本性。大脑对信息的处理模式默认为"理解它"，而不是"质疑它"。心理学家丹尼尔·吉尔伯特指出："在理解一个陈述之前，大脑一定会先试图相信它。如果这个陈述正确的话，你必须先了解它说的是什么意思（赋予它意义）。"就比如在前面的实验中，研究者暗示被试视频里的男孩情绪不稳定。被试在接收到这样的信息时，第一感觉不会是"不会的、不可能"，而是默认了这条信息的陈述，开始去理解它。被试很容易理解这句话表达的意思，也很容易模糊地想象到这个孩子古怪的样子。

日常生活中，人们看到产品详情页中的描述时，会默认相信那些信息，然后再去理解它。也就是说，人们看到你事先设定的信息时，会按照你的设定去理解它。就比如鸡蛋包装盒上印有"安全、无农药残留、无抗生素"的信息，人们选择买这些鸡蛋，就表示接受了这样的陈述。其实人们没有任何的依据去相信这些信息，他们不知道鸡饲料是不是用没有农药残留的粮食加工而成的，也不知道这些鸡如果不用抗生素，是怎样避免患上鸡瘟的。这些他们都不知道，甚至可能没有一点相关的常识。即便人们有某些依据，也是接受了别人为他提供的陈述。人们的大脑只是在凭借一种假设展开合理的推理，最后得出一个"可以放心吃"的结果。这也是为什么那么多人容易被蛊惑，容易相信一些极端言论的原因。这和大脑的运作机制密切相关。人们总是先提取大脑中的结论，然后再去证明它。

人们大脑中的形象，只要能够被构建，就能够被解释；只要能够被解释，就会被认为是存在的、合理的、真实的。大脑的这种运作机制，很容易使人们产生确认偏误。你大脑中所构建的形象画面，会成为脑锁，让你高估事物存在的可能性。人们一旦相信，就会进入另外一个阶段，那就是自证预言。这又叫作自动实现的预言，是指人们对形势的主观判断，会影响人们的行为，使预言的事件成真。例如，那些老师认为那个男孩的情绪不稳定，接下来就发生了实验中的情景——去证实这样的认识，看到男孩的很多行为都感觉不正常。如果这些老师真的在教这个男孩，他们会感觉这个孩子做什么都不正常，会三番五次地找孩子的家长，结果真的会把这个孩子变成一个情绪不稳定的人。

人们在接收到设定信息的时候会默认相信它。但是很多时候，你的信息之所以不能让人相信，是因为信息的设定可能是自相矛盾

第一部分
直觉锁：瞬间将大脑锁上

的，信息本身就没有让用户信任的基础。另外一种可能是你没有帮助用户把信息合理化。信息的设定是要讲求方法的，首先一定要遵循"三个一致性的原则"，另外后面要讲的"四个信息加密原则"也和信息设定有着密切的关系。我们会和大家分享如何利用情景来让信息合理化。只要掌握了这些工具，你设定的信息就是有效的。

4　定向启动的三个原则

信息指向要一致的原则

信息要想达到定向启动的效果，就要遵循三个最基本的一致性原则。这是让信息精准传达的保障。首先我们来看第一个一致性，即信息指向要一致。在一组信息中，不能每个单个信息都有各自的指向。信息组中的信息只能是递进关系，不能互不相干。如果用户接收的信息不能一致性地指向一个形象，大脑的联想就是混乱的，很难达到定向启动的效果。

在巴奇的实验中，他提供了五个单词，其中四个和老人相关，都统一指向了老人的形象。这能让人们在接收到这四个词的时候，联想到一个老人的样子。但是要想达到启动被试走路变慢的效果，就不只是联想到老人的样子就能实现的。如果人们联想到的是老人谈话的样子、吃饭的样子或者看电视的样子，这些形象恐怕都不能有效启动走路变慢的效果。

锁脑

要想达到定向启动，词的选择是非常讲究的。最有效的做法是让被试联想到一个弯腰驼背、有气无力的老人形象。这就需要让信息组中的核心信息与启动形象相一致。而在"驼背、健忘、秃顶、满脸皱纹"这四个词中，与走路慢一致的词是驼背，其他三个词的关联并不直接。现在的年轻人也会有秃顶，而皱纹横生的老人也有可能身体健康。这些词能让人们联想到老人，但不一定能启动慢的行为。造句的时候，整个句子的核心要塑造和描绘一个驼背老人的形象，才能与慢的行为相一致。这就是联想到的形象与启动的行为高度一致。

当然，是否能有效启动，与被试的心境、对老人的态度以及被试的文化背景都有密切的关系。单就信息与启动行为之间的关系来看，感觉的一致性是有效启动的关键所在。

这里教给大家一个小方法，只要按照这个逻辑来设置信息，就能很好地达到定向启动的效果。我们都用过搜索引擎，如果你想买一条裙子，首先你会搜索"裙子"这个词，结果会出来一大堆的裙子，长的短的都有。这时你发现种类太多很难找到自己喜欢的，看到那么多裙子你也意识到自己想要的是一条短裙，于是你把搜索信息改成了"短裙"。结果还是会出现一大堆各种款式各种颜色的短裙。你还是找不到自己想要的。但是这样的搜索结果让你明确了自己想要的是一条长袖连衣短裙。于是你又缩小了搜索范围，你又加进去两个词"长袖""连衣"，接下来又出现了一堆长袖连衣短裙。

第一部分
直觉锁：瞬间将大脑锁上

但是你认为你想要的是一条有花纹的长袖连衣短裙，于是你又添加了一个词"花纹"。一般情况下，在你加入 3~5 个关键词的时候，你就能准确地找到自己想要的东西了。为什么不是加入的词越多，准确度越高呢？这是因为你加入的词越多限制越多，大脑提取就越困难，这样就不容易产生直觉锁。能让大脑快速得到满意答案的就在 3~5 个词的范围内，这样大脑能够顺利提取也能达到定向启动的效果。

所以，在一个有效的信息组中，单个信息元素的数量一般是 3~5 个。信息量太少的话，指向不精确，无法达到精准的启动。单个信息越多，信息越复杂，这也无法形成直觉锁。3~5 个信息元素组成的信息组，既能说明问题，同时也能让信息带有情感。无论是图片还是文字，又或者是其他的信息，都可以采取这种模式来设计。

另外，采用这种搜索式信息组建模式之所以有效，是因为后面所有的信息都是一致指向"裙子"这个词的。它的主体没有变，只是让信息的描述越来越精准。就像巴奇的实验，所有的信息都应该是服务于"驼背"这个词的，而不应该服务于"皱纹、白头发"这些词。那样是无法启动人们走路变慢的行为的。

体现出一致的价值观和情感

人们接触到的信息，不单单是文字形式的。人们听到、看到、想到、感受到的都是信息。信息以各种形式存在着，并影响着人们的大脑。定向启动不但可以借助文字信息实现，同样也可以借助其他形式的信息实现，比如图片、符号、故事、情绪、画面、声音，还有物品等，甚至是身体的动作。

当你在信息中强调一个词的时候，人们需要通过一个形象和状态来理解这个词，所以大脑中会联想到一些相关的形象。比如看到"红苹果"，人们就会联想到红色苹果的画面。人们注意到一个词的时候，思维会立刻发生变化，而且这种变化是可以预测的。比如"跑"这个词会激起一个跑的画面。这个先入为主的形象，占据了人们的大脑，决定了人们会做出什么行为。

研究表明，当你拿着一杯冷水时，面对陌生人会表现得冷漠和矜持。而如果手里拿的是一杯热水，结果就会相反，你会对陌生人更热情和友好。这就是杯子里的水引发了人们的启动效应。还有一项研究发现，只要让被试看到矿泉水，即便不让他们喝，在完成身体耐力训练的时候，他们坚持的时间也会更长。这都是接触到的事物，启动了人们的某种行为。

一项关于情绪对人影响的研究表明，让人们看一些微笑的照片，随后他们会变得更热情，更愿意接受别人的请求。相反的，如果让人们看愤怒的照片，他们就会变得比较冷漠，更不愿意接受人们的意见和请求。这是情绪对人们的启动作用。

人的身体姿态也有启动作用，就比如当你抬起头来，昂首挺胸的动作会让你感到很自信。这时解决一些问题你会更有信心，更愿

第一部分
直觉锁：瞬间将大脑锁上

意投入更多精力。而当你皱眉头的时候，你就会感觉很沮丧，就会把不是问题的问题也看成问题。

一个产品或者品牌在传达信息的时候，不会只用到文字，产品的信息会以各种形式出现。这些信息需要遵循一致性原则。如果原本很高档的东西，在人们的心目中变得不高档了，就是信息表达出的情感不一致造成的。比如一张卡片上的文字信息显得很高档，但是卡片的色彩和图案设计以及制作卡片用的纸张都很劣质，那么这张卡片也没有了高档感。另外，发卡片的方式也属于一种信息。一张整体设计精美的卡片，如果是像发小广告一样递给顾客，而不是双手恭恭敬敬地递出去，也不能让顾客体验到高档感。你传达出的每个信息都有启动作用，你要让顾客感受到你要表达的情感和价值观的一致性。就像星巴克CEO霍华德·舒尔茨说的那样："星巴克每个店面的装饰和格局都是经过精心设计的。顾客在店里看到的、接触到的、听到的、闻到的或者尝到的每一样东西，都有助于加深他们的品牌印象。所有的感官线索，都必须符合同样的高标准。那些艺术品、音乐和香草，外在的一切信息都在体现着星巴克咖啡的魅力；这里的每一样东西都是上档次的……"他们这样做的目的就是当顾客看到、听到，并身在其中的时候，这些所有信息一致地指向某种情感和价值观，这让顾客感觉到星巴克是高档的、时尚的。这种感觉让顾客做好了花更多钱的心理准备，而且让顾客感觉多花钱也值得。

苹果的专卖店设计很高级，很上档次，也是为了启动顾客类似的情感。顾客在看到它的外观、店内的布置的时候，这些信息就会启动顾客时尚的、高档的感觉。顾客心中产生这样的设定的结果是：走进去时便已经做好了花更多钱买一个手机的心理准备。如果你想让顾客花高价买你的产品，你就要问问自己，当顾客走进你的店里，打开你的网站，顾客看到的一切，是否会有高级感和时尚感。

如果说星巴克、苹果的所有信息都是为了一致地启动人们的时尚感和高档感的，那么，优衣库呢？优衣库的店铺设计是为了启动顾客的什么感觉呢？那就是廉价感。当顾客走进优衣库的店铺，看到货架和衣服摆放的方式，就会感觉好似在一个厂库里选衣服。优衣库摒弃了一些不必要的装潢装饰，把店铺打造成仓储型店铺。他们的用意就是让用户感觉这里的东西很实惠，可以放心购买，优衣库就是要启动顾客这样的心理。在优衣库买东西你会什么都想买，好像在捡便宜。这就是它的店面设计要启动的感觉。

星巴克、苹果、优衣库之所以能启动用户的不同感觉，最根本的原因就是他们所有的信息，店面设计、内部陈设、服务员的服务方式等，一切信息都一致指向同一种情感和价值观，所以才给了你那种感觉。

信息与受众要一致的原则

多伦多大学的心理学家莱瑟姆，是启动效应的怀疑者。他怀着对启动效应的质疑做了一系列的实验，最终让他认定启动效应存在的是其中一个实验。他们找来某大学资金募集中心的电话募集员，

第一部分
直觉锁：瞬间将大脑锁上

将他们分成三组。他们每个人都得到了一张打电话时用的募集说明书。只不过这三组被试拿到的说明书有点小区别。其中一组的说明书左上角的位置有一张图片，内容是女性赢得比赛的情景；另一组的说明书在相同位置的图片是呼叫中心员工的工作情景；剩下的一组作为对照组，说明书上没有任何图片。这次的实验结果与巴奇得出的结论是一致的。受到图片暗示的被试募集到了更多的资金。其中受呼叫中心员工图片暗示的被试募集的资金数目最多，看到比赛情景图片的被试次之，这两组被试都比没有看到任何图片的对照组募集到了更多的资金。但有意思的是，实验结束后当被问到那些图片时，被试都回答自己太忙了，根本就没注意到有图片。即便是这样，启动效应依然成立。这其中有个问题，为什么关于工作情景的图片比冠军图片更有效呢？原因在于信息与个体之间的关系，信息指向募集员们的工作情景，所涉及的内容与接受信息的个体具有一致性；而冠军这样的形象与被试还是有一定的距离的，所以不能引起情感共鸣，也不能有更大的推动作用。在后面的章节中，有关于如何与个体建立强关联，我们将会和大家分享一些具体的方法。在这里，你只要知道一点就可以了，即信息所涉及的内容和接受者最好保持一致。

第三章

直觉锁加密原则之二：情感匹配

1 大脑决策的核心是情感

信息在进入人们的大脑后，大脑需要认出信息才能知道该如何对待这些信息。大脑最终对信息有感觉是因为信息被赋予意义后带有情感。情感才是让信息产生各种感觉的基础。大脑认出信息的过程就是感受到信息中情感的过程。大脑一旦为信息匹配上情感，人们就会对信息产生喜欢或是厌恶的倾向，以及是接近、靠近还是远离、回避的行为。所以，带有鲜明情感的信息会对大脑快速产生影

第一部分
直觉锁：瞬间将大脑锁上

响，让大脑做出好坏的判断。心理学家保罗·斯洛维奇就认为，大脑会被任何附带情感的信息所吸引。总的来说，情感才是大脑直觉判断的基础。

人们接触到的一切信息，首先会通过大脑的无意识自动加工。这个加工的过程就是为其赋予意义和匹配上情感。每一条信息都是信息本身，比如一个音符、符号、形象、句子、词、颜色、产品、人、品牌等。大脑必须为其赋予意义和匹配上情感，才能理解它，才知道该怎么面对它。其实匹配情感是为了唤起人们的期待和意志。你在逛商场的时候，自动走向某个品牌或者某件衣服，这都是因为大脑在看到这个品牌或者这件衣服的时候，瞬间无意识地为其匹配了情感，让你有想要靠近它的冲动。大脑在你靠近它之前就为你做出了选择，告诉你这个品牌的衣服不错，所以你才决定过去看看。人的大部分行为都是情感作用下产生的。

实验心理学的奠基人威廉·冯特就认为"大脑处理信息采取'情感优先'的原则。情感指的是正面或负面感觉的细微闪念，这样的感觉促使人们做出接近或者回避某些事物的行为"。冯特认为，就是人们在第一时间注意到事物时的这种细微的情感反应，让人们对事物产生了好或坏（好感或反感）的感觉。大多数的这种情感反应是微妙的和短暂的，在我们没有感受到它的时候就已经影响了我们的行为。你在一瞬间决定了是喜欢还是不喜欢，接近还是回避。就像你不自觉地走入一个品牌的店铺，不自觉地点开一个产品的图片。在我看来，其实情感优先的原则，就是大脑把自己感觉好坏的判断当成了事物好坏的判断。没有情感，人们很多时候无法对事物做出判断。

大脑无意识地为信息匹配的情感，对人们的影响是重大的。用户对信息产生第一印象的好感，会使其低估事物对自己的风险。用户会不由自主地接近，去往好的方向理解它。比如你对一个女孩的第一印象有好感，接下来你会习惯性地把女孩的一些行为往好的方向理解。即便是女孩犯了错，你也愿意原谅她，再给她机会。你对一个产品的第一印象好的话，也会认为它的品质也很好，也会为它找到更多好的理由。相反的，如果第一印象是不好的，你就很难发现它对自己的好处。你会不由自主地往不好的、负面的方向去理解它。

接下来我们来挑战一下你的第一印象。假如让你看两个品牌咖啡的评价，A品牌的评价是正面的，B是负面的，然后让你对两个品牌咖啡的好坏进行评分。在你要评分的时候，告诉你这两个品牌的评价弄反了。也就是A品牌的用户评价是负面的，B品牌的用户评价是正面的。你认为这样的一个小插曲，会影响你对它们的评分吗？很多时候是不会影响的。其实这是墨尔本大学的一项研究。研究发现，最初给人们留下好印象的A品牌，即便在后来知道用户评价是负面的，人们在对A品牌进行评分的时候依旧给出了很高的分数。这个实验表明，人们对事物（品牌）的第一印象一旦形成就不容易改变，会影响人们之后对其的判断。这也意味着让用户优先看到对一个产品或人的好评价，容易形成良好的第一印象。所以，网店要把用户对产品的好评价置顶，要让用户优先看到。这样一来即

第一部分
直觉锁:瞬间将大脑锁上

便后来用户看到了负面的评价,也不太可能改变用户最初对产品的好印象。直觉锁重点强调的是第一时间的第一感觉。这种感觉一旦形成,在大脑中就会形成锁,对人们的行为和认知产生影响。

心理学家威吉尔曼(Wilkielman)、扎约克(Zajonc)和施瓦茨(Shwartz)一起做的一项研究也证实了第一印象对人们的影响远超我们对它的认知。一些心理学家也做过同样的研究证实了这一点。他们先让被试对微笑和皱眉头的图片形成第一印象。这些图片随机快速从屏幕上闪过,在图片之后会呈现一些陌生的中文,让被试评价是否喜欢这些中文。结果发现,大部分被试表示他们喜欢出现在微笑图片后的那些中文,不喜欢出现在皱眉头图片后的中文。这个实验有意思的地方是,随后,研究人员把被试喜欢的那些中文放在皱眉头的图片后,被试依旧喜欢这些中文。即便这些中文出现的位置发生了改变,但被试还是保持着最初对它们的喜欢。这就是第一印象的稳定性在发挥作用。

情感匹配是信息匹配上鲜明的情感,让大脑在接收到信息的一瞬间产生喜好鲜明的第一印象,从而产生直觉锁,影响人们的行为和决策。

2 如何自带好感

情感匹配有两种方式,一种是让事物本身带有情感,另一种是将事物与带有情感的信息关联起来。我们先来看第一种，让事物自带情感。

前段时间我看了冯小刚的电影《芳华》，网上宣传剧中的女二号，长着一张"高级脸"，提到一个词"高级感"。虽然这样的概念很大程度上是在为电影做宣传，但我还是想要了解一下，人们是怎样定义高级感的。在网上一查，还真有人整理出了高级脸的几个特点，比如：脸型立体、眼距偏宽、颧骨偏高、下颌偏方……虽然整理者注明了仅供娱乐，非科学分析，但我们不要认为这只是八卦娱乐。其实人们就是这样去看一个人的，也许只是他提出的这几条不是很贴切罢了。人们对一个人的长相好不好看、喜欢不喜欢的判断，是瞬间自动完成的。人们眼中的一张高级脸，其实很多时候是这张脸自带正面情感。人们的确能够通过线条、轮廓和立体程度对一张脸好不好看做出判断，这是因为线条和形状中有情感。

普林斯顿大学的心理学家亚历克斯·托多罗夫（Alex Todorov）做过一个实验，就人们对陌生人的判断进行了研究。他向学生们展示了一些陌生面孔的照片，这些人都是一些参加参议院、国会议员和地方长官竞选的政治人物，学生对他们并不了解。然后让学生们对这些人的可爱程度和办事能力做出评估。结果是这些学生对这些照片的评估高度一致。在大选结束后，研究人员拿着学生的评估结果与大选结果做了比较。结果发现，胜败结果和学生对照片的评估的结果高度一致。学生们仅通过对一张照片短暂的一瞥就能断定谁能在大选中获胜，这让研究人员感觉不可思议。进一步的研究发现，

第一部分
直觉锁：瞬间将大脑锁上

被试通过力量和可信度两方面的因素来评估一个人的能力。这其中人们就是通过面部线条轮廓以及表情做出判断的。线条、轮廓和形状能传达出信息。就比如方下巴是强势的表现，微笑是自信的表现等，大脑就是能从这些信息中推断出一个人的内在特质的。

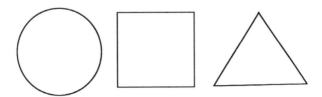

我们单独来看三种图形，它们分别是：圆、三角、方形。单看这三种图形你就会产生一种模糊的感觉。好像圆没有什么攻击性，给人以容易接近的感觉；而方形给人以平稳的力量感；三角则给人以攻击感，有入侵的感觉。当然了不单单是线条图形中带有情感，颜色、味道、声音、音符、字符等一切信息都带有情感，只是信息的强弱程度不同罢了。这里我想强调一下颜色是非常直观的带有情感的元素。颜色中带有情感更为鲜明直观，红色给人热烈的感觉，紫色给人神秘的感觉，蓝色给人深邃感等。如果你穿一身黑色的衣服，就给人一种凝重、庄重的沉重感。如果你穿一身红色的衣服就有一种奔放、热烈的感觉等。在这个时候，颜色对你的影响要强于款式对你的影响。即便你没有意识到颜色的存在，也会让你无意识地对事物产生偏好倾向。人们就是从这些信息中捕捉到情感的。

让一条文字信息带有情感还是比较容易的，如"今天的地铁好挤"与"今天的地铁挤得连我妈都认不出我了"以上两种陈述中，那条信息更能让你有感觉？让你有鲜明的情感？一定是后者。为什么呢？因为它带有鲜明的感情色彩。当你借助形容词或者形象化的语言来描述一种状态的时候，信息会瞬间变得有情感。不单是句子表达的方式可以带有情感，字体也是可以带有情感的。在"得到"APP 首页，白底中竖写着几个大字："一起建设一所终身大学"，这几个字的字体非常工整，而且粗壮，无意间给人一种枯燥和严肃的距离感。只要修改一下标语的字体和颜色，采用一些活泼轻快一点的字体，稍微带点颜色，就会让人们感觉学习是件轻松愉快的事情，就会拉近与用户之间距离，就会在瞬间抓住初次访问的用户。不然人们每次打开这个界面的时候，都会先启动一种微弱的抗拒的情绪。一旦打开 APP，大脑就得到一种暗示，要开始一件枯燥的事情。前不久，这款 APP 首页的字体变成了橙色，这让用户感觉活泼轻松了不少。如果它的新广告语"知识就在得到"能够采用比较活泼纤细的字体，会给人更加亲近和轻松的感觉。这就是字体中所带的情感。

　　如何设计自带好感的产品，或者说如何设计出带有正面情感的产品和信息，是一个很大的话题。这需要对设计、设计心理以及消费心理有深刻认识。自带情感的产品，就是产品自身在释放着一种正面的情感。苹果产品大部分都做到了自带情感，第一眼你就喜欢。同样的，一个产品或者一个人，你看一眼就不喜欢，这也是自带情感。自带情感就是你要让用户感觉到你想表达的情感，当然首先你要知道自己要表达什么情感。

第一部分
直觉锁：瞬间将大脑锁上

3　情感要符合人们的期待

任何信息中都带有情感，只是强度不同，带的情感不同。就像"得到"APP 的首页带的是让人抗拒的情感，是与学习这一行为不能高效匹配的情感，并不是它不带情感。一个人站在你的面前，只要你注意到他，你就会对他有好坏的评价。就像前面我们说到的，这是无意识完成的。

作为一个商业心理的研究者，我一直在留意自己的一些消费行为。前段时间，我发现了我选择洗发水的心理原理。一次，我到超市购买洗发水，想换一种牌子，于是在洗发水的货架前逗留了好久，不知道该选哪个好。在逗留的时候，我发现了一个小规律。我总是在货架的两头停留，而中间的洗发水我根本不看。也正是这个货架摆放的形式，才让我发现了自己无意识决策的内在规律。我之所以只看两头的洗发水，而不看中间的，是因为中间的洗发水的瓶子的设计是有颜色的。有颜色不是关键，关键是颜色比较暗、比较灰，不够鲜亮，而且瓶体表面是亚光工艺，这让整个瓶子看上去有种脏脏的感觉，一看就有一种低级、低端、劣质感。如果是颜色不纯，可以把瓶子的表面处理成亮光的工艺，就不会有脏脏的感觉。就比如沙宣的设计，虽然整个瓶子是深红色的，但是整个瓶子是泛着亮光的，这也给人一种质感和高级感。而货架两边的洗发水的包装瓶的设计是纯白的，色块和图形只是点缀。整个产品显得很干净，很有档次。这样的发现也让我回想了一下我用过的洗发水，发现瓶子采用暗色调亚光处理的那几款洗发水，几乎没有用过。

我的这次购物经历让我发现，对于洗漱用品来说，直观上给人脏脏的感觉，会让人感觉洗漱用品自身都是脏脏的，不能很好地帮助用户达到清洁的效果。这样的瓶身设计从根本上违背了产品本身的属性。人们对洗漱用品的要求是清洁感和清爽感，如果你的设计有脏脏的感觉，就会让人们产生反感。当产品核心属性与设计相背离的时候，人们就会感觉它是不好的、低级的。

杜克大学的科学家们通过对美国将近800个上市公司的首席执行官进行分析发现：声音越低沉的人，领导气质就越强；而他们对公司运营的能力也越强，能够将公司发展壮大。对于声音低沉的大多数人来说，他们拿的工资比一般人要高。通过这项研究我们发现，人们仅通过声音就能产生对他人的喜好倾向。

英国的前首相撒切尔夫人之所以能当选为首相，和她对声音进行了调整有着密切的关系。初期她说话的声音比较尖锐，很刺耳。刺耳的声音在人们看来是情绪失控的表现，一个领导人给人一种随时都会失控的感觉，这是非常要不得的事情。所以，很多人都认为她不太适合做一个政治人物。当她意识到自己说话的声音有可能会影响自己的政治生涯时，便果断做出了调整，下定决心要改变这种局面。她特意邀请了好莱坞的一个声音教练来训练自己的发声。通过四年多时间的声音训练，撒切尔夫人说话的声音终于变得稳重而

第一部分
直觉锁：瞬间将大脑锁上

理智了。声音改变后的她也如愿以偿，在 1979 年当选为英国首相。说话声音的魅力对一个政治人物来说是非常重要的，撒切尔夫人政治生涯的成功在某种程度上是沉稳的声音与领导气质匹配的结果。大脑会自动认为声音浑厚是力量的表现，这样的人是可以掌控大局的。

在用户的印象中，优衣库、凡客诚品这些品牌走的都是物美廉价的品牌线路。用户认为这两个品牌应该有的是廉价感。如果这些品牌请明星代言，就会让用户产生一种违和感。但是这两个品牌都请过明星代言，而凡客诚品让明星代言后，没过多久就开始萎缩。这恐怕和明星代言没有直接的关系，但是明星代言这样的品牌效果不会太好，因为品牌在人们的心目中已经有了固定的印象（情感）。我前面说过，一旦人们对事物产生第一印象，就很难改变。即便请了明星代言，用户也不会相信这些明星会穿这个品牌的衣服。品牌是不是要让人们感觉自己穿上这样的衣服也会像明星一样好看，就是另外一种角度了。要想达到这样的效果是不是非要请明星代言值得考虑，漂亮的模特也能达到相同的效果。明星代言对于物美价廉的品牌来说，会让用户产生一种违和感，这种感觉让用户对品牌的感觉产生混乱感。这还会让用户感觉品牌本身对自身的身份不够认同，想要通过明星代言来拔高自己的身价。品牌都无法忠诚于自身的定位，何来用户的忠诚呢？这样的营销模式只能使用户失去对品牌原有的情感，在混乱中将用户渐渐推远。这样的品牌营销在干扰用户对品牌既有的情感，导致了无效的营销和失败的营销。

网站的设计也是这样，优衣库的线上旗舰店设计得很朴实，没有太多华丽的修饰，这很符合人们对该品牌的既定感觉——简约朴素。如果把网站设计得过于华丽，也会让用户产生违和感，会偏离用户当初喜欢这个品牌的感觉和印象。用户会认为品牌的价值和网站的设计以及营销模式的设计不符，有一种违和感和混乱感。这种负面的感觉会降低用户对品牌的好感和忠诚度。

产品属性和定位已经设定了产品在人们心目中的期待，以及对其的情感。如果商家在营销过程中不能保持和用户心中对产品情感期待相一致，那么产品就在做着违背自我的事情。

4　复杂和混乱都是在破坏情感

很多大楼的电梯按钮和楼层不设4、13、14层，这是因为有些人认为这些数字带有负面情感。人们都不愿意买这些楼层和房间号的房子，这是因为信息被赋予鲜明的情感。但是，有一种办法会让这种强烈的负面情感瞬间消失；比如1393，看到这个数字中的13，人们就没什么感觉，13的负面情感就会被削弱。反过来也是同样的道理，单独用"8"能感受到正面的鲜明情感，如果改成384，这时8的情感就会被削弱。这是因为信息复杂化，破坏了信息和符号中所带的情感。大部分信息中不带鲜明的情感，最关键的原因是信息复杂，破坏了彼此的情感，也就是想要表达的东西太多，而丧失了原有的情感。我们说过圆形、方形、三角形都各带情感，但是，如果

第一部分
直觉锁:瞬间将大脑锁上

将这三者组合在一起就会破坏各自带的情感,就比如下图,你会感觉这个图形太复杂,感受不到直观的、鲜明的情感。这就是信息元素过多导致了情感混乱。

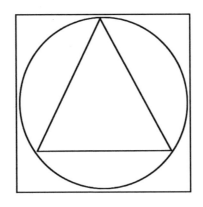

你知道为什么婚纱会设计成纯白色,而且其中很少夹杂其他的颜色吗?就是因为哪怕夹杂一小块其他的颜色,都会破坏纯白色带给人们的纯洁、圣洁、真挚的感觉。要想保持一种强烈的情感,就要选择能代表这种情感的元素,并且设计要强化这种元素,而不是削弱这种元素。让白色婚纱带有情感的核心就是白色,要想表达纯洁真挚的情感,就不能破坏这种核心元素。婚纱中其他的设计几乎都是围绕白色,在不破坏白色这种核心基调的基础上展开的。成功的设计是要保持白色核心基调的整体性,并且设计是在增强这种情感而不是削弱它。

要想让产品带有情感,最基本的原则是确保产品的整体性和协调性。这两者其实说的是一回事,如果整体性没有了,协调性也不会存在,反之也一样。我们来看一个大家都熟悉的例子。iPhone6 是苹果产品中设计比较失败的典型案例，整体机身的设计圆润富有质感。基调是圆润感，而机身背后的两条横线，彻底破坏了这种圆润的整体感，产生了一种拼接的感觉。在设计产品的时候，对产品的修饰不能破坏产品的整体感。你会发现 iPhone7 和 8，去掉了这两条横线，整体感和协调感都得到了增强。你可以去看苹果公司的其他产品，会发现它们的整体性和协调性都非常强。正是苹果公司很好地保障了产品设计的整体性和协调性，产品才能体现出一种美感和高级感。

我们曾经做过一个高档汽车品牌产品优化。我们发现，所有难看的汽车都有一个共性，就是情感不鲜明。车身的各种设计都在破坏车的整体性和协调感。不是线条忽然拐一下，就是莫名其妙多出一块。汽车的设计在保证整体车身设计流畅外，就是前脸和车尾的设计。如果你仔细观察汽车的前脸和尾部，会发现大部分设计难看的车都是一样的。就是把这个本来面积就不大的位置，分割得很碎，加进去了各种互不相关的元素，一眼看上去杂乱而且低级。在车身的设计上，相比较而言，奥迪的大部分车型整体性和协调感还是不错的，而宝马和奔驰就相对弱一点，有的车型会莫名多出一些不协调的线条和形状，破坏车整体的美感和高级感。奔驰和宝马的有些车型如果去掉标志，你恐怕根本不会认为它是一辆高级轿车。我们一定要记住，大部分产品的设计失败都是因为多余的元素破坏了产品的整体感和协调感。

第一部分
直觉锁：瞬间将大脑锁上

5　与有情感的事物发生关系

说到让一个产品带有情感，让人们一看就喜欢，这不是件容易的事情。但是，我们还可以通过后天的一些方法进行弥补。那么，怎么补呢？这就需要让产品与情感鲜明的事物关联起来。

俄罗斯的导演库勒雪夫曾做过一个实验，他让被试看一个普通男性的照片。这位男士面部并没有明显的表情，从他的样子来看也看不出明显的性格特点。研究人员告诉被试这个人是盖世太保的头目。接着，被试就能从没有任何表情的脸上看到邪恶和厌恶。如果告诉被试这个人是抗击纳粹的英雄，那么被试便能在这张脸上看到友好和勇敢。同样，如果库勒雪夫让被试在看这张照片前看一个死去的女人的画面，然后再看这个男人的照片，被试会认为这个男人很伤心。如果让被试看孩子们开心玩耍的画面，然后再看这张照片，被试会认为这个男人很开心。如果你将一个没有鲜明情感的信息，比如人物、产品等与带有鲜明情感的信息进行关联，人们就会对其产生和带有鲜明情感信息一致的情感。由于这种效应是由俄罗斯的导演库勒雪夫发现的，所以被称作"库勒雪夫效应"。库勒雪夫效应告诉我们，情感能够改变人们的认知。人们可以将一前一后出现的事物建立关联，可以在本没有关系的事物之间自动建立关联。

要想让产品带有某种情感，就要让产品与带有鲜明情感的事物建立关联。简单的做法就是为产品配上带有鲜明情感的图片和画面，甚至是配上一个带有情感色彩的故事。研究者们通过研究发现，将一种啤酒与一些愉悦的照片，比如海滨度假、热情相拥等图片叠加显示五次，也就是出现一次愉悦的照片再出现一次啤酒的照片，这样重复五次就会提升观众对啤酒的好感。同样的，如果顾客在购买饮料前，重复看了七八次满脸微笑的照片，顾客就会购买更多的饮料。如果顾客看到是沮丧的、愤怒的照片，就不会购买更多饮料。这就是让产品与情感鲜明的信息建立关联后，人们对产品产生了情感。

商家一定要意识到，想让用户在看到产品的时候产生什么情感，接下来就要以这种情感为基础去设计与产品相关的照片。有一次我带一岁多的女儿逛超市，她看到一个袋子一把抓住不放了，说她"要吃这个"，其实她根本就不知道里面是什么，我仔细一看原来是葡萄干。其实她根本咬不动，可是她才不管，因为她看到了包装袋上印着一个大大的小猪佩奇。她指着袋子说我要佩奇，这时我才明白她之所以要买是因为她喜欢小猪佩奇，于是她也认为和小猪佩奇有关的东西都很好吃。其实商家根本就不是在卖葡萄干，而是在卖小猪佩奇的图片。这其实就是商家把葡萄干这样一个毫无情感的食品与孩子印象中可爱的佩奇形象建立关联的效果。这样的关联让这个袋子有了情感，将某种美好快乐的体验与特定的语言、图片、音乐连接起来，就可以在特定的刺激和特定的情感反应之间建立关联。看到小猪佩奇就会激发孩子快乐美好的情感体验，所以会想要。

第一部分
直觉锁：瞬间将大脑锁上

要想为产品匹配情感，还有一个方法就是将其放入带有鲜明情感的情景中。如果先让你看一个女学生回答问题的视频，然后给你播放两段有关这个女孩生活环境的视频，一段视频是这个女孩生活在繁华的、富裕的富人区；另一段视频是这个女孩生活在脏乱差的穷人区。你认为你能客观地判断这个女孩学习的好坏吗？其实，大部分人都做不到。大部分人会根据女孩生活环境的好坏，来判断这个女孩学习的好坏。这是普林斯顿的心理学家做的一个实验。研究发现，看到女孩生活在穷人区的视频的被试，认为女孩学习能力差，只能答对一半的题；而看到富人区视频的被试，则认为女孩学习能力很强，能答对大部分的题。这就是一个人与带有不同情感的情景关联起来后，人们对这个人的认识随着与情感的关联发生了改变。

让产品与带有情感的信息关联起来是广告的使命。为了让一款啤酒带有正面的情感，可以让啤酒出现在朋友们聚会的情景中，让啤酒出现在朋友们谈笑间挥动的手中。啤酒出现在这样愉悦的情境中，就带有愉悦的情感。还有非常可乐的广告，其设定的情景是过节，大家团聚的时候喝非常可乐。这也是把不带鲜明感情色彩的产品放入带有鲜明感情色彩的情景中，让非常可乐带有了鲜明的情感。

人们普遍认为故宫里的每一件东西都是神秘的、神圣的，正是有了这样的认知，才有了前段时间媒体报道的一些游客奇怪的行为——去抠故宫地上铺的小石子。他们大概是想沾沾皇家的贵气。故宫还强调这些石子只是普通的石子，没有收藏价值。在人们的心中，那些出现在有鲜明感情色彩的情景中的事物都会带有鲜明的情感。

第四章
直觉锁加密原则之三：少而显著

1 少就可以带锁

大脑在接收到信息的时候瞬间锁上，就要遵循大脑直觉锁编码的另外一个法则，即少而显著。

少量的信息可以让大脑在瞬间凭直觉快速、高效、不费力气地对信息进行粗评和判断。少的信息更容易让大脑瞬间上锁，其中一个原因是少量的信息，避免了干扰。大脑产生直觉锁是在忽略和抑

第一部分
直觉锁：瞬间将大脑锁上

制了大量信息的情况下，只关注少量的、突出的信息，才产生了瞬间的喜好倾向。当你看到苹果、红色这两个词的时候。大脑很容易联想到一个红苹果的画面。但是如果再加上一个词，恐怕你联想起来就会稍微有些吃力。再加一个"痛"字，你还能比较容易产生联想，比如吃一个红苹果酸得牙痛，一个红苹果从树上掉下来砸到头……如果再加入一个词，比如"铃声"这个词。恐怕你的联想就会更加吃力，就不容易比较流畅地产生联想。后面我们会说到人们产生直觉锁靠的是大脑获得的轻松程度而不是获得的信息多少。少量的信息大脑容易获得，容易做出直觉判断。

少量的信息更容易让大脑在瞬间锁上的另一个原因是大脑有自由发挥的空间，可以轻易地编织一个前后一致、流畅、连贯的故事。人们看到"苹果、红色、痛"这三个词的时候，大脑的联想机制会自动自觉搜索其中的关系。人们会根据这三条信息编织出一个连贯的故事，比如一个红苹果掉下来砸到了头，头痛。红苹果与痛可以轻易建立关系。如果再加上"铃声"这个词，就会对前面的故事产生干扰。就是因为这个信息不能与前面三个词的故事保持一致，不能编织出一个前后一致、连贯的故事。这时大脑的直觉系统就会报警，启动理性思维进行更加深入的分析，这样才能将"铃声"这个词放入这个故事。这样，大脑就不能凭借直觉对信息进行判断了。

人类认为，这个世界上没有无缘无故的事情，相信这个世界的一切都是相互联系的。一切事情事出有因，并不是偶然发生的。在人们的内心深处，渴望生活的世界是有秩序的、确定的，也就是说让这个世界变得井然有序是大脑的意志所在。我说过，大脑是一台一直在确定的机器。在这样的自我意志下，人们习惯性地去搜索信息中传达出的模式和秩序，来让信息变得确定。统计学家威廉·费勒认为："人们很容易在没有模式的情况下创造模式出来。"所以人们在面对信息的时候会自动匹配上关系和模式。

简单、少量的信息，为大脑的自我意志提供了发挥空间。大脑接收到少量的信息，更容易根据自我意志迅速通过联想进行补全，来预测信息所指事物可能的样子。也就是大脑接收到少量的信息，可以根据自我意志自由联想，编造一个合乎情理的故事出来。就比如看到"红苹果"这个词，你马上会联想到一个大红苹果，或者一筐红苹果，又或者一树红苹果等。只要你能不费力气地展开联想，你就会认为理解了这条信息所指何物。你的大脑就会瞬间锁上，按你对信息的理解做出判断和行动。你一定要记住，大脑要的是确定感，即关系、关联和模式，确定是大脑的意志所在。大脑只要能建立关系，就会被锁上。

2 少而简单容易让人相信

你知道，你对信息的信任是怎么建立起来的吗？我想每个人都想知道这个问题。

那么，让他人产生信任的基础是什么呢？那就是少。卡尼曼认

第一部分
直觉锁：瞬间将大脑锁上

为信任与两点相关，一个是认知放松，也就是能够轻松地认出信息；另一个是一致性，就是信息因果的关系，前后保持一致不能互相矛盾。如果大脑能很轻松地围绕一件事情展开想象，情节之间没有矛盾，大脑就会选择相信。

少量的信息可以让大脑不费力气地在事物之间建立简单的关系。只要关系能建立，轻松联想到，大脑就会确定和相信。很多时候即便这种关系根本不存在，大脑也会相信。我们在这里要清楚一点的是，大脑在面对信息的时候，是要搞定自我的意志，快速、高效、不费力气地对信息做出判断。其实大脑要的是迅速、不费力气地做出决策，而不是更加客观地对事物做出决策。而少量的信息可以让大脑实现这样的目的，所以大脑愿意相信。

我们都有这样的时候，刚想到一个赚钱方法的时，总是信心满满的要大干一番，瞬间感觉前途一片光明，仿佛自己就要成功了，就要实现自己的梦想了。但是过不了多久，甚至是睡一觉醒来，这种热度就会消失。这其中的原因就是，当我们刚有一个想法的时候，只是在顺着这个想法产生连贯性的思维。根本就没有全方位地去思考这个问题。无论是一件自己想做的事，还是一件自己不想做的事，只要围绕单一的思路来思考，就很容易产生连贯性的结果。但是为什么一觉醒来就什么也不想做了呢？因为你走出了围绕一个思路、连贯性思考的怪圈，想到了更多其他的问题，比如没有核心竞争力、没有足够的资金，团队组建等各种问题。这些问题干扰了你围绕这个想法讲一个前后一致、因果关系明确的故事。比如你想开个网店，你之所以信心满满地想要开这个网店，就是因为你在围绕如何开网店思考。当你想到货源、代工厂、产品质量等更多问题的时候，这些问题让你无法把成功开一个网店这个故事讲得前后一致了，所以你的自信心马上就会消失。开网店这个故事的一致性和因果关系不能顺利地建立起来，使你丧失了开一家网店的信心。所以，少量的信息也是产生自信的根本。

想得少、线索单一、思路连贯没有干扰，才是人们快速相信、产生信任感的基础。这里我们要强调一点的是，我们说的快速建立起自信和信任感，是从直觉的层面建立起信任，而不是理性的层面。

有研究表明，当被试只听一方辩词时候，更容易相信这些辩词，而如果听到多方的辩词就会对各方的辩词产生怀疑。所以信息的连贯性和一致性才是确信的基础，而不是这些辩词的完整性。研究还发现，与那些陈述比较复杂的、长篇大论的解决方案相比，人们更愿意相信那些陈述比较简单易懂，只有几页的简单解决方案，也可以说是复杂降低了人们对信息的信任度。同样的，那些结构不清晰的字体，比较复杂的、不够鲜明的颜色和图案，都会降低人们对信息的信任度。相反的，那些简单易懂的信息更容易让人们产生信任和更有说服力。说话也是这样，在阐述你的观点的时候，最好采用比较简短的、结构简单的语句表达自己的观点。这样人们可以不费力气、比较连贯地理解信息。所以要想让人们感觉你说的是真的，就要少而简单。

第一部分
直觉锁：瞬间将大脑锁上

　　少的信息可以做到一目了然，快速形成第一印象。下面这张图片是我在很多年前刚参加工作的时候为一家公司设计的网站。当时互联网刚刚萌芽，我在一家公司短暂地做了一段时间网站构架师。除了负责公司的大型都市生活信息平台的构架设计，我也完成公司承接的一些企业的网站设计。而当时我的设计理念就是网站的设计一定要简洁明快、一目了然，不要轻易添加任何与主题无关的信息。就像这个网站的首页我只用了半张眼镜的照片，这样避免了设计的呆板。我之所以用黑色调而没有用亮色调，是为了借助明暗的对比来突显镜片的光亮感，特别是镜片的高光处通过明暗的反差，让其显得更加明亮。少的内容，突显少的部分都是在增强眼镜的明亮感。用单一的黑色还能给用户一种神秘感，让用户感觉黑色后面藏着很多内容，有种深厚的感觉，而浅色调给人的感觉是一眼见底。这个设计虽然在强调少但是涵盖的内容很多。那些多出来的内容就是大脑通过少量的内容延伸出来的内容。只有真正了解和认识到少的深层含义你才能游刃有余地使用它。你再看一下苹果官网设计，你会就会明白简洁明快的重要性。苹果官网20年来一直保持这种简洁明快的风格，可想苹果是多么重视"少"的设计理念。

　　少，让大脑产生自主联想的空间，更容易把一些信息囊括进连贯的思路里，而互相并不矛盾。所以少的信息更容易让人产生信任感。你的设计要尽量避免繁杂信息的干扰，避免用户对网站产生混乱的感觉。

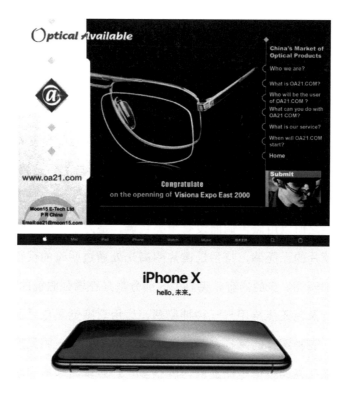

3　只要不费力气大脑就会喜欢

　　少是大脑建立起确信感的重要因素。其实，少，并不单指信息形式上的少。少最根本的目的是大脑可以少投入，付出的代价少、容易掌握，做某件事情不费力气。一旦信息过多，大脑就会产生决策焦虑，就想要回避决策。这样一来信息就会失去锁脑的可能。大脑会优先关注那些投入少、简单的事情。

　　我们生活在一个大脑被各种信息充斥的环境中，人们的注意力

第一部分
直觉锁：瞬间将大脑锁上

越来越有限。少量简单的信息让大脑容易理解，不费力气。同样的，人们愿意相信和接受那些解决方案简单、付出代价和精力少的事情。这就像很多文案的标题中，喜欢用具体的数字和暗示着付出很少代价和努力就能实现目标的表达方式，比如用 4 个原则、5 个方法，1 分钟、1 周、15 天，只要怎样就会怎样，轻松、轻易等字眼来表达主题。这样的信息传达出不需要投入太多的精力和时间，就能解决该问题的感觉。事实也证明，采用这样的标题总是能捕获用户的心。很多时候即便你的理性告诉你这不可能，但是你的大脑已经为你做了决定，让你相信它。就比如一个广告标题"让你一周甩掉 10 斤赘肉的方法"，大脑关注到的时候，不管你的理智是否相信，大脑会渴望相信。这就是因为信息符合大脑对少的渴望——大脑渴望少付出，快速解决自身的问题。所以，要想让信息瞬间快速吸引住用户，还要让用户感觉实现目标代价很小，这样人们更愿意相信你的观点和解决方案。

其实，各种让大脑少投入的方式都会吸引大脑的关注。现如今短视频之所如此火爆，特别是知识类的短视频，就是因为它符合大脑少投入的原则。首先视频的形式，是直观的通过画面和音频来传播信息。这种形式最大的优点是用户在接收信息的时候不费力气。我们都有这样的时候，一看书就走神，还犯困，就想打开手机看看微信和微博，这就是因为大脑感觉到累。看视频和图片不费力气，但你要想理解一段文字，就需要投入更多的精力。大脑通过对文字进行进一步的编译才能理解，这需要投入大量的精力。而视频省略了这个过程，你可以通过画面和音频解说直观地理解信息。这样的形式使大脑节省了大量的精力，大脑当然喜欢。短视频受到大脑青睐的，还有视频的短。短意味着少，不需要投入太多精力，不需要长篇大论就能了解和掌握想获取的知识。现在的人被各种事情分割着注意力，时间是有限的，但是争夺这些时间的事情却是无限的。我很喜欢看电影，但由于时间关系看电影的时间越来越少，甚至有一部电影看了十几天才看完。在这种情况下，电影解说就派上用场了。你只需要花几分钟就可以了解一部电影讲了什么，这就可以为我们节省大量的时间。这其中吸引人的都是少的因素。

另外，读书会这样的形式，也是在遵循少的原则，满足大脑的需求。一些读书会把一本书中的精华摘录出来，用音频的方式分享给用户。这样人们就可以用四五十分钟的时间，了解一本书的内容。用户可以通过很短的时间对一本书有个大概的了解，如果感兴趣可以再深入地去读书。这也是让用户少投入，但是获得更多知识的一种方式。关键是这种形式不用人们投入更多精力，就可以获取知识。比如坐地铁上班的路上，甚至是边走边听，就可以完成信息的接收。这为人们解放了手和眼，只需要听就可以。而且也不用需要选个安静的地方保持一种阅读的姿势，很随意就能学到知识。这就是这类产品存在的价值。所以，内容创业更多的是在借助人们对少投入的倾向，满足人们对知识和信息的需求。

那些能够简单省事地获得和做到的事情，会瞬间勾起大脑的兴趣。你在设计产品和信息的时候，一定要考虑到大脑的这种需求。

第一部分
直觉锁：瞬间将大脑锁上

在这个竞争激烈的商业社会中，如果在用户接触到信息的第一时间不能引起大脑的关注，就会处于劣势。

4　从细节中可以快速提炼出情感

大脑为了快速地对信息做出判断，所关注的信息是非常有限的。大脑只能凭借单一线索进行直觉判断，也就是大脑很多时候通过局部少量的信息来对信息做出直觉判断。那么局部少量的信息中有什么呢？那就是细节。人们会试图通过少量的细节推出本质。大脑把注意力集中在少量的信息上，就是为了把注意力集中在细致的线索上。大脑试图通过细节推演到整体、全局、深层、内在，从而产生窥一斑而知全豹的效果。在大脑看来细节等于本质和内在品质。

心理学家威廉·詹姆斯就指出："如果人们什么都记得，那么，在大多数情况下，人们可能像什么都不记得一样。"所以，如果你回想过去的事情，你会发现更多记住的是事情的一些细节。而你想要还原一段记忆需要通过这些记忆中的细节来展开一连串的联想，也就是围绕细节来编一个故事。其实你根本记不住整件事情，你对这件事情的记忆都是根据你关于这件事的记忆中的一些细节，编造的一个故事。所以，细节对人们的决策和认知起着决定性的作用。

我们还是要往深处追问细节中有什么？是什么促使人们快速对信息做出判断呢？那就是情感，细节中带有更鲜明的情感。

比如有三个不同的捐款网站。访问这三个网站都会看到捐款的提示，网站的提示分别是：

A 网站：本机构是世界上最高效的援助组织之一，我们向全球的人提供各种人道主义援助。如果你想向本组织捐款，你会捐多少？

B 网站：本机构是世界上最高效的援助组织之一，我们向全球的人提供各种人道主义援助。本组织运作这些资金，给人们送去清洁的水。如果你想向本组织捐款，你会捐多少？这其中多了一句："本组织运作这些资金，给人们送去清洁的水。"

C 网站的提示与 B 网站的提示基本一样，只是把"清洁的水"改成了"瓶装水"。

如果让你来为这三个网站捐款，你更愿意把钱捐给哪个网站？或者说你更愿意给哪个网站捐更多钱呢？我想大部分人都愿意捐给 B 网站。我这样猜测是有科学依据的，这其实是社会科学家辛西娅·克莱德（Cynthia Cryder）、乔治·洛温斯坦（George Loeuenstein）和理查德·沙因斯（Richard Scheines）三位社会学家做的一项关于在信息中强调清晰而具体的细节对人们决策的干预和影响的研究。

这个实验发现只要对信息的陈述做微不足道的改动，就能有力地改变人们的决策行为。研究发现，假如看到 A 版本的被试捐了 1 元钱，那么看到 B 版本的被试捐款额度平均会提高 37%。这就是当

第一部分
直觉锁：瞬间将大脑锁上

人们看到描写捐款的使用细节的时候，细节影响了人们的决策。

这其中有个不可思议的结果是，看到送去的是瓶装水的被试比看到送的是清洁水的被试捐的钱要少，甚至看到瓶装水比没有看到细节描写的被试也要少。也就是在三个版本中，看到 C 版本的被试捐的钱最少。这是为什么呢？为什么不是没有细节描写的 A 版本最少呢？

我们先来看，人们看到这三个版本的描述时关注的点在哪里。A 版本关注的点是"人道主义援助"，B 版本关注的点是"清洁的水"，C 版本关注的点是"瓶装水"。这三者都带有情感，但是让人们联想到的画面是不一样的。清洁的水让人们联想到的是更多的水，更大的运水工具，比如运水车。这让人们感觉能解决更多的缺水问题。而"瓶装水"让人们联想到的是矿泉水，少量的水，更小的装水工具。这让人们感觉不能解决更多的缺水问题。瓶装水给人的感觉只是解决了人们的一时之需，比如临时口渴的问题，对他人的帮助是有限的。所以这两者相比清洁的水解决的问题更大，所以人们愿意捐更多钱。这两者同样刻画了细节，只是带的情感不同，清洁的水暗示着对人们的帮助更多，瓶装水暗示着对人们的帮助有限。两者带了不同的鲜明情感导致两者产生了较大的捐款差距。如果你想让人们捐更多钱，选择"清洁的水"更有效；如果想让人们捐更少的钱，选择"瓶装水"更有效。而没有细节的描写时，人们关注的是"人道主义援助"。这其中虽然有正面的情感，但是没有细节的描写情感就不够强烈，不能让人们瞬间产生更加具体的针对性的联想。

所以这其中的信任度和情感都不强烈，对人们的影响不够显著——没有更多，也没有更少。

要想让信息对人们产生快速的、强有力的影响，就要利用信息中鲜明的情感。人们在关注细节的时候，关注的是单一元素。前面我们说过，鲜明的情感来自单一的元素。如果关注的信息过多，情感就会变弱，就会混乱，就会矛盾。人们关注细节就是在试图避免干扰，通过细节获取鲜明的情感，对信息做出快速的判断。就像 B 版本的描述中，人们要想快速做出决策，只要把注意力集中在"清洁的水"这样的细节上，就能体验到鲜明的情感——更多的水，能帮助更多人。这样的情感让人们感到更有价值，所以愿意捐更多钱。细节有代入感，关注细节大脑可以快速获得情感判断，直观地感觉好还是坏、大还是小、多还是少。所以，大脑关注细节还是想从中获取情感信息。

5　价值来自细节

人们判断一个事物的价值很大程度上来自于细节，细节中的情感决定了其价值。就比如，送去清洁的水给人们的直观感觉就比送去瓶装水更有价值。人们对事物的判断在很大程度上依赖于细节，我们都看过刑侦题材的电影，你会发现大部分为破案提供线索的是那些被人们忽视的细节。比如某个角落残留的烟蒂，某个地方留下的划痕，某句话中说错的一个字等，对破案最有价值的东西都在细

第一部分
直觉锁：瞬间将大脑锁上

节中。

卡宴这款车刚上市的时候，我的一个朋友立刻就买了。她之所以出手买这款车有一个特别的理由，她说她喜欢两侧车窗上镶着的那一圈金属条的边框，她觉得很有质感。她指着那条边框说的时候，我能感觉到她是真的喜欢这条装饰边框。其实大部分消费者并不懂车，选择一辆车，更多的是根据直观的感觉来决定的。大脑在关注一个产品的时候，首先会关注产品的外观，如果外观上没有大的瑕疵，关注的点就会去转移到一些局部的细节。如果细节处理得好，就在人们的心中形成了良好的印象。所以，要想让产品变得有价值，就要善于展示细节。

网购最大的问题是不能让消费者对产品有直观的感觉，要靠图片来对产品进行判断。消费者最怕的是想看的地方看不到，担心商家在拍摄照片时避重就轻。所以，商家要主动地多方位展示产品的细节，以此来解除消费者心中的顾虑。凡客诚品虽然从大家的视野中消失了，但他们采取的一些营销模式还是有可借鉴的地方的。比如凡客诚品的创始人陈年，时常在他的微博上晒一些产品的细节，比如一双布鞋用什么钉，什么鞋带，什么面料等。我还看到过他在自己的微博上晒他们的羽绒服钻绒的解决方案。他就是要把客户遇到的问题在这里提前解决掉。他这样做是在告诉你，你想到的，你顾虑的，我们都想到了，都解决了，甚至是你没有想到的地方我们也想到了。他在告诉用户，我可以360度无死角展现给你。当用户看到产品放大的细节图的时候，用户就会把从细节感受到的情感扩散到整个产品。如果细节设计得好，用户也会认为产品质量和品质很好。所以，互联网时代产品展示的核心就是细节。

细节很多时候并不是展现给用户，用户就能对其产生鲜明的情感。这里有个小技巧可以增强展示的细节的情感，那就是主动对比。无论你展示的细节多么精致，人们也只是感觉还可以，要想提升你展示的细节的情感，就要主动去比较。互联网最开放的一点就是比较，客户会将你的产品与别的产品放在一起任意比较。你的产品能不能经得住客户的比较非常重要。所以，商家要想在这个环节脱颖而出就要主动进行比较，主动与同类产品比较，与同类技术比较，与过去的技术比较等。在比较中体现出自身的优势。即便你的产品没有别人的好，也要比较，而不是自说自话。因为消费者整个网购的过程就是在比较，比价格、比性能、比材料、比服务等。你要主动帮客户完成这样的工作，把各种细节放在一起比较，只要有比较就会增强细节的情感。通过用户对细节的情感增强，从而将这种情感扩散到其他方面，这就是我们下面要说的光环效应。

反过来，如果产品的细节处理得不好，其他方便处理得再好，产品的价值在用户的心中也会打折扣。我们做过一个高档茶优化，外包装的设计整体基本符合茶要传达的价值观和情感。但就是一个小小的细节，把整个产品拉低了几个档次。那就是产品的商标设计太难看，毫无设计感。虽然是小小的一块图形，但是瞬间就让用户对产品的价值产生了怀疑。用户在注意信息的时候，关注的是整体中最突出显眼的细节，以及与整体不协调的细节。而这款茶的包装

第一部分
直觉锁：瞬间将大脑锁上

就是细节与整体不协调，这会被大脑优先关注到。产品会因为这样一个小小的细节，贬低了价值。

6　如何制造正向扩散

我们都知道小米手机，但是如果让你说出小米的几款产品，你能想到什么？如果让我说的话，我知道小米还有空气净化器。提到这个问题，我还刻意到小米的官网看了看，发现小米在做的产品还真不少，电视机、笔记本电脑、箱包等都有。但是在我看到小米的这些产品的时候，我对它们的产品马上产生了一种印象，那就是这些产品和小米手机一样整体性价比较高。如果你是小米手机的忠实粉丝，我想你也会喜欢小米的其他产品。问题来了，我们并没有使用小米的其他产品，为什么会对他们的产品产生这样的评价和印象呢？

人们之所以会对小米有这样的印象和评价，源自于大脑联想机制的连贯性。也就是一旦人们对某个人和品牌的某个方面产生了某种印象，就会扩散到这个人和这个品牌的其他方面。

心理学家桑代克是教育心理学和职业心理学的创始人，他在一项士兵智力和态度的研究中发现了一个很奇怪的现象。他发现飞行员驾驶技术得了高分的士兵，也会很容易获得领导能力的高评价，提升为军官。这其中他认为不太合理的是那些飞行员大都是年轻人，这些驾驶技术强的年轻人并没有什么领导经验，也没有突出的领导能力，为什么他们的领导能力会得到上级的肯定呢？后来他通过研究发现了一个普遍存在的现象，如果一个人在某一方面比如聪明程度得了高分，他的其他一切不相关的方面（比如人品、实力）也都会得到高分。就比如飞行员的飞行技术得了高分，上级就会认为他的领导能力也很好。这就是后来心理学家所说的光环效应。

光环效应是由大脑联想机制的连贯性和一致性引起的。当你对一个人和一个品牌的某方面形成印象时，这种印象也会扩散到这个人和品牌的其他方面。也就是你之前对这个人和这个品牌的正面或者负面的印象，会影响你对这个人和这个品牌的看法。通俗说就是，大脑认为好人什么都好，坏人什么都坏。人们在没有使用过小米其他产品时就对它的产品形成某种正面的印象，就是受到了对小米手机的印象的影响。认为小米手机好的人，会认为小米的其他产品也好。

光环效应也遵循少的原则。少是把有限的资源投入到重要的层面，让这一层面突出。这其中的突出是与其他的竞争对手相比突出。就比如小米先把手机产品做得很优秀，再做其他产品就是水到渠成的事情。很多的品牌都采取这种战略方针来经营自己的品牌，比如苹果先把高端计算机做得突出，然后在做手机和其他产品时，在消费者的心中就会形成光环效应。

但是，并不是任何特性获得好的评价和印象都能产生连贯性思

第一部分
直觉锁：瞬间将大脑锁上

维。这种效应更多发生在事物的一些核心特征方面，对于人类来说，个子高、皮肤白、相貌英俊等这些重要特征就容易产生光环效应。还有就是人的声音，也很容易产生光环效应。前面我们说到一个政客的声音低沉浑厚，会让人们感觉他很有实力。这会扩散到他的其他方面，你会更赞同他的政见。有时候有些人会因为一头长发而喜欢一个女孩，但是这其中的光环效用是弱的。这是因为事物所带的情感的强度不同。说话声音好听、个子高、皮肤白在人们身体的因素中带的情感最强。也就是说是光环效应还是情感的作用，是在情感匹配后，由情感的扩散造成的。

不单是一个品牌优先把某一方面做得突出，可以产生光环效用。一个企业如果有位有魅力的领导者，他的名气和魅力也会产生光环效用。比如乔布斯的光环效应成就了苹果的产品和方方面面。同样的，对于一个产品的诸多因素来说，如果外观设计得好，人们也会认为这个产品的性能品质方面也很好。就比如最初的马自达6，销量一路飙升，就是因为它有非常有个性且时尚美观的外观设计，当然它也有很多项很先进的技术。苹果的产品设计很有美感，人也会把这种正面的情感扩散到产品的其他方面，比如会认为它性能也很好等。对一个产品来说能够很好地产生光环效应的还是外观设计，因为直觉判断要的就是直观，根本没有多少人懂那些先进的技术。从一个企业到一个品牌、一个产品甚至一个人，只要在比较核心和直观的方面比较突出，就会产生光环效用。少而突出的信息中带有情感，会激起大脑的思维的一致性和连贯性。因此会产生正向扩散，让人们感觉好的都好。

如果产品设计平庸，实在挖掘不出独特的地方，还可以借助另外一种方式达到光环效应的效果，那就是"沾光"。简单理解就是与容易产生光环效应的事物发生关系。光环效应的主要心理原理是连贯性思维。你让自己的产品与正面的事物发生关系也能产生光环效应。有一项研究发现，同一篇文章，配上不同照片，评分就会发生改变。配上漂亮的照片，评分就会更高，如果配上糟糕的照片，评分就会比较低。这就是情感扩散的作用。

玉兰油的广告模特大部分都是经过精心挑选的极富个性、皮肤较好的美女。广告画面中有一个美女在散发魅力，然后出现玉兰油的产品。人们就会把对这个美女的情感扩散到玉兰油，会让人们感觉产品也很好。同样，如果美女之后出现的不是玉兰油，而且其他小品牌的产品，也能产生这样的效果。所以，商家要想快速提升产品的形象就会花大价钱请明星代言，投入广告费。这就是商家想要沾这些名人的光，从而让自己的产品变得光彩。

7　光环就是保护层

在这里，我们先思考一个小问题，当一个相貌出众的人和一个长相一般的人，他们犯了同样的罪时，你认为法官在判罚时会不会一样？大部分人会认为，同样的罪行当然会有相同的判罚。但是有

第一部分
直觉锁：瞬间将大脑锁上

项研究却会让你大跌眼镜，证明了光环效应对人们的深层影响。

心理学家哈罗德·西格尔和南茜·奥斯特罗夫做过一个模拟审判的实验。他们先让被试看了被告的介绍，介绍附有被告的照片。但是介绍中的这些照片是大有学问的，有的是美女照片，有的是很一般的照片。研究者告诉被试这个女子有入室盗窃的罪名，要求被试根据1~15年的刑期，来决定判她几年监禁。结果戏剧性的一幕出现了，长相漂亮的女子平均刑期为3年，长相一般的女子被判的平均刑期在5年。5年这个刑期与简历上没有照片的人的判刑期是一样的。这个实验得出一个结论："罪犯相貌越好，法官和陪审员对他们的判决就越轻。"这就是光环效应，一旦产生就会影响人们对他人弱点的评价，甚至是对他人的弱点忽略不计。

我们在情感匹配的章节中说过，事物一旦被匹配上情感，就很难改变。其实光环效应就是被匹配上了鲜明的情感，从而使人们不能够客观地看待事物。当你对一个人产生正面的印象后，你对他的其他方面的认识和了解，就是带着自我意志的，带着期待和期望的，就不会想要看到真相。第一印象就是我们的魔咒，一旦形成，你就像被诅咒了一样失去了客观理性的判断能力。其实能够锁脑的就是人们的情感和意志。情感和意志一旦入驻，人们要的就不再是事实，而是对自我意志的满足，即证实自我的认识和感觉。

前面我们说过，iPhone6的设计其实并不美观，但是它依然卖得很好，这是为什么？这就是苹果在消费者心目中的高端大气上档次的美好印象，让人们忽视了它设计的不足。苹果品牌的光环弥补了它设计上的瑕疵。一旦某种突出的印象变得显著，人们就会对其他的一些不尽人意的地方忽略不计，更愿意原谅其失误和差的表现。

在我提出的"自我情感理论"中，我认为情感决定了人们的意志，意志决定了人们的决策和行为。人们的情感越强烈，意志便越强烈。光环效应就是人们对事物的某一方面产生了强烈的情感，从而激起了人们强烈的意志——期望事物的其他方面也是一样的。这符合人们深层的、直觉的自我意志，快速对事物进行确定，将其放进稳定模式里，不希望它超出自我的掌控范围。光环效应就是人们在自我意志的作用下对事物产生的执念。

第五章

直觉锁加密原则之四：易于获得

1 轻松认出大脑就会锁上

我们在做优化的时候，其中有一个硬指标是到达率，就是你的信息有多少能够有效到达用户的大脑。要想做到信息有效到达，就需要让大脑在第一时间认出信息，而这又需要信息能够易于获得。

如果有人问你："苹果手机好用吗？"你会怎么回答？大脑在接收到这条信息的时候，是依据什么来回答的呢？是关于苹果手机好用的经历的多少，还是能否轻松想起好用的经历？也就是说，决定对苹果手机做出好不好用判断的，是好用的经验数量，还是获取经验的轻松程度呢？要想回答这个问题，我们先来看一项研究。

德国的心理学家曾做过一项研究，他们让被试试着列出6个或者12个自己果断行事的例子，然后评估自己是否是个果断的人。你认为列出6个和12个例子的人，谁更会认为自己果断呢？我想大部分人都会认为是列出12个例子的人。因为能列出这么多果断的例子，足以证明自己真的很果断。但其实错了，列出12个例子的人更多地认为自己不果断。让一个人想起6件自己果断的事情，就已经不容易了，更别说是想起12件了。这是件很费神的事情，即便你真的是一个果断的人，也不容易想起这么多。这个实验就是在考察，想起的轻松程度和数量哪个对大脑的影响更大。结果是想12个例子的人比想6个例子的人，更认为自己不果断，因为尝试想起12个例子让人感觉困难。即便你已经想到了11个，但只要有1个还没完成，你心中的困难感也会变得强烈，而列举6个例子比想起12个例子相对简单很多。这个实验就证明，回想的轻松程度对人们的决策影响更大。

同样的，如果你不能轻松地想起关于苹果手机好用的案例，你就会对它没感觉。因为决定你认为苹果手机是否好用的，是能否轻松想起好用的案例，而不是它是否真的好用。这项研究表明，获取的轻松程度决定着人们对信息的判断，而不是数量。也可以说，在很大程度上，决定你对事物判断的是你的感觉，而不是事实。

第一部分
直觉锁：瞬间将大脑锁上

大脑在接触到信息的时候能否产生直觉锁，要看大脑能否更快速、轻松地认出信息，获得对信息直觉的理解。也就是说，大脑是否能轻松地从记忆中提取到与相关信息相似的内容，并与之产生关联和匹配。直觉锁是靠联想机制完成的。大脑一旦能够轻松地认出信息，就能轻松地联想到并建立关联。大脑会确定信息是真实的，从而影响随后的决策行为。而不容易被大脑快速认出的信息，不能产生直觉锁，这样就失去了优先霸占受众大脑的先机。所以，要想形成直觉锁，你提供的信息就要让受众易于获得。

这里有一点需要特别强调一下。虽然信息是否可以轻松获得，决定了大脑是否能够产生直觉锁，但是在信息与自我相关的时候，这种局面会发生改变。这时信息的数量以及是否容易获得，就没有那么重要了。信息与自我发生关系的时候，即便大脑搜索不到相关的记忆和经验，大脑也会自己"无中生有"。此时信息对大脑的影响，完全取决于信息所激起的自我意志的强弱程度。就比如，有人问你是不是一个贪婪的人，你会怎么回答？大部分人都不认为自己是这样的人。但其实，很多人都有贪婪的一面，只是他们不会承认罢了。回答这样的问题，重点在于你有多不想承认自己贪婪，而不是相关信息的获得数量和信息获取的轻松程度。这一点我们会在自我锁的部分深入分享。

现在我们需要考虑的是，如何对信息进行优化，来提升信息在受众大脑中易于获得的程度。在接下来的内容中，我们将和大家分享几种让信息易于获得的方法。

2　增强画面感

如果大脑不能轻松获得,就会漠不关心或者启动理性程序进行下一个级别的判断。所以,要想让你的信息在第一时间占据用户的大脑,形成直觉锁,其中一个重要的方法就是要增强信息的画面感。画面可以增强大脑的获得感。画面增强就是在信息中尽量避免抽象的概念,尽可能地把信息生动形象、直观地以画面的形式展现出来。

哪些信息更容易让大脑获得一个形象并展开联想,哪些信息就容易被大脑快速识别。生动形象的信息,一方面会瞬间启动大脑的想象,使大脑容易构建和联想,这样大脑就可以轻易地获得、想起和提取信息。大脑容易获得,就容易将事实和想象完美对接和关联;大脑容易获得,就会认为信息是真实的。另一方面,生动形象的信息中会有细节,细节可以使信息显得直观丰满,同样给人以真实感。生动形象是人们快速认出一个信息的关键所在。接下来,我们就和大家分享几种增强画面感的技巧。

与新近的事件关联起来

很多人的朋友圈里都有一两个卖保险的朋友。大部分有经验的保险销售人员,都很会抓住时机来推销相关的保险。儿子所在的学校里有一个三年级的同学得了脑瘤,学校的微信群里都在张罗着为

第一部分
直觉锁：瞬间将大脑锁上

这个同学捐款。保险销售员在这时候会及时地推荐自己的儿童保险产品确实取得了很好的效果。这种销售行为就符合了大脑易于获得的决策模式。销售员向用户推销儿童保险时用户是否会及时出手，在很大程度上取决于用户是否可以轻松地提取关于儿童得病或者遇到意外的案例。如果大脑不能轻松提取到这样的实例和形象，它就会认为这种事情发生的可能性不大，当然也就不会对保险产生兴趣。而在这样的事情发生的时候，向家长们推销儿童保险，就是水到渠成的事情。销售员向家长推销保险时，由于事件生动形象地展现在自己眼前，家长们就会认为这样的意外很常见，它就潜伏在自己身边，于是会认为购买这种保险很有必要。大脑可以轻松提取，人们就会认为事情随时可能发生，这对大脑来说就是锁。生动形象的案例，会让很多人的大脑忽略概率的问题，相信危机就潜伏在身边。

同样的，其他疾病也是这样。如果你问一个人，乳腺癌是否会发生在她身上。怎么回答，要看她是否可以从大脑中轻松提取到相关的案例，身边有没有人得了这样的病，媒体是否报道了这样的案例等。

让信息与最近发生的事件建立关联，会大大提升大脑的获得感。当大脑遇到"是否容易得乳腺癌、是否会离婚、苹果手机是否好用……"这样的问题时，你想要得到肯定的回答，就最好将结论与最近发生在身边的，或者来自朋友圈和媒体报道的相关事件和案例联系起来。因为大脑在接收这些问题的时候，会在大脑中搜索相关信息。如果搜索的过程不费力气，那么大脑就会认为这类事件发生的概率很高,与自己关系密切。大脑会将容易提取与经常发生的事关联在一起。这就是丹尼尔·卡尼曼所说的"大脑根据实例呈现在脑中的轻松程度,来判断事件发生的概率"。

借助典型事件

2015年9月2日,土耳其的一家媒体上发表了一张照片。照片上一个小男孩穿着红色T恤、蓝色短裤,脸朝下趴在沙滩上。他叫艾兰,他和家人在2015年叙利亚国内战乱时,向加拿大申请难民签证被拒绝,最后他们迫不得已搭上了难民船前往欧洲避难。由于当时船上的难民太多,船只发生事故沉入了大海。他的尸体飘到了沙滩上,一个记者拍下了这张照片。

这张极富冲击力的照片一经发表,就得到大量媒体的转载,引起国际一片哗然。对这个小男孩的遭遇,网民们纷纷表示感到痛心和遗憾,批评欧盟部分国家拒绝接收难民的政策。政客亦纷纷致哀,呼吁阻止叙利亚战火蔓延。这张照片的确引起了人们对叙利亚难民的广泛关注,也影响了欧盟国家对难民的态度。他们开始积极处理大规模的难民危机。

如果媒体只是通过数据和文字告诉大家每天有多少叙利亚难民

第一部分
直觉锁：瞬间将大脑锁上

死于非命，恐怕不会引起人们的广泛关注。但是仅凭一张极具冲击力的照片，就可以唤起人们的强烈情感，这就是生动形象的作用。有人就指出："很多时候，我们都因看到令人震惊的影像，才采取行动。"而这是因为大脑需要生动的形象来获得有效的信息。

这张照片反映的是一个典型事件。典型事件发生的可能性容易被人们高估，因为它的画面感强烈，对人们的冲击力也强。诺贝尔生物学奖获得者埃里克·坎德尔，在他的著作《追寻记忆的痕迹》一书中，曾提到一个概念叫闪光灯记忆。他指出闪光灯记忆的内容往往是情感色彩鲜明的事件，记忆过程就好像拍照那样，画面在一瞬间定格，并深深地印在人们的大脑中。典型事件生动形象的画面冲击力，会让人产生闪光灯记忆，对人形成深层次的影响。人们总是很容易回想起那些触目惊心的画面，因为其中有强烈的情感，很容易激起人们的情感反应。而将信息与典型事件关联起来，就是为了提升大脑对信息的情感反应，将大脑瞬间锁住。

让你的概念画面感

"舒肤佳香皂可以杀死99%的细菌。"人们看到这样的信息，不容易产生画面感，对信息更加没有感觉。如果改成"100个细菌舒肤佳香皂可以帮你杀死其中的99个"这样的描述更有画面感，这也是一种画面增强的方式。生动形象的文字描述，会让本来枯燥的信息变得栩栩如生，产生生动的画面感。大脑需要通过获得形象的画面来理解信息。

容易获得画面感的信息，会让人感觉很真实，让人感觉其发生的概率很大。南丁格尔开创了护士行业，是现代护理教育的奠基人。从她的故事中我们也可以看到信息易于获得的重要性。1854年，英国向俄罗斯宣战，参与到了克里米亚战争中。没过多久英国军队出现了大量的伤亡。但是大部分的英国士兵是死在医院里的，而不是战场上。这其中的原因在于英军的医疗条件太过恶劣。南丁格尔知道后，找到政府的相关负责人，申请去前线救人。几经周折后，政府终于同意南丁格尔带着自己的医疗小组奔赴前线。她改进了克里米亚战地医院的设备和整体管理方案，同时训练护理人员护理技巧。在她们的努力下，伤兵的死亡率成功地从42%降到了2.2%。《泰晤士报》刊登了她的事迹，维多利亚女王给她颁发了荣誉勋章，她被人们奉为民族英雄。

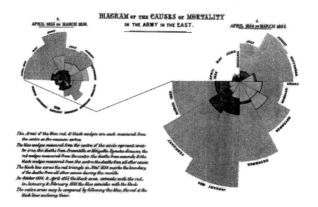

在这之前，她为了更好地呈现她们的工作效果，以便征得政府同意推广自己的做法，发明了南丁格尔玫瑰图。这是一种圆形的直

第一部分
直觉锁：瞬间将大脑锁上

方图，看上去非常生动形象，比枯燥的统计报表更能直观地表示死亡率的下降情况。图表用生动形象的方式把那些抽象的数字表现了出来，让人们更直观地理解了数字要表达的意思。也正是这种对数字的表现方法，打动了军方的高层，他们最终同意了南丁格尔在军营广泛推广她的护理技术和管理方法。这就是利用画面增强有效说服对方的一个非常成功的案例。这足以看出生动形象的魅力所在。

一项功能、一个数字、一种方式，如果不能上升为一种情景和画面，信息的到达率将会大大地降低。你的信息说了也白说，受众没有感觉。把数字和概念，以及那些抽象的信息，用生动形象的图像表述出来，是让大脑对信息瞬间产生直觉锁的重要技巧。

直接口述

容易让大脑产生获得感的另一种重要方式，是口碑传播。几本时尚杂志对一款护肤霜的评价，也比不上你的朋友说的她对这款护肤霜的看法对你的影响大。口碑传播具有生动逼真、细节丰富的特性。这样的信息大脑更容易接受，更具有真实性。

口碑也是一种锁脑的方式，它对人们的影响是非常顽固的，一旦形成便不易改变。在《傲慢与偏见》中，伊丽莎白偶遇了达西管家的儿子韦翰，从他口中得知，从小达西的父亲就对他宠爱有加，而达西的父亲死后，达西对他一直打压，他不得已做了一名士兵。听完韦翰叙述的这段经历后，伊丽莎白对达西产生了一种厌恶感。另外，一次伊丽莎白在教堂做礼拜的时候，从达西的一个朋友口中得知，达西故意拆散了姐姐珍妮和宾利这对恋人，而理由是他们两个人门不当户不对。这在伊丽莎白看来不可思议。高高在上的达西，因为看不起自己的家庭，就拆散了姐姐的好姻缘。这件事情更是加剧了伊丽莎白对达西的厌恶，她感觉这个人简直不可理喻。伊丽莎白认为，这个男人既傲慢无礼又心胸狭隘。后来，当达西向伊丽莎白求婚的时候，她毫不犹豫地拒绝了，并且说出了自己讨厌他的理由。伊丽莎白甚至还放出狠话，说即便这个世界上只剩他一个男人了，也不会嫁给他。达西并没有解释什么，而是道歉离开了。虽然伊丽莎白感觉达西英俊优雅，但是一想到他做的那些事，就感觉这个人不可理喻，不想与他有任何瓜葛。

后来达西给伊丽莎白留了一封信。信中达西承认宾利不再理姐姐珍妮是自己促使的，原因是他不满伊丽莎白家人的轻浮和粗鄙，并且他误会了珍妮，以为珍妮并不是真的喜欢宾利，而是贪图他的钱财。而韦翰说的全是谎言，是韦翰自己把父亲留给他的遗产挥霍光了，还企图勾引达西 15 岁的妹妹私奔。韦翰在得知从达西妹妹身上得不到一分钱后，便毫不犹豫地抛弃了她。伊丽莎白读完信后很后悔，感觉自己误解了达西。

在《傲慢与偏见》中，伊丽莎白和达西两个人的情感，就受到了口碑传播作用的影响，增强了彼此的偏见。伊丽莎白从他人的口中两次听说了达西做过的那些可恶的事情。她便下定决心不会嫁给他。可见口碑传播的力量是多么大。当然，后来伊丽莎白在达西一次次诚恳的帮助下，改变了自己的强烈偏见。只要你看过《傲慢与

第一部分
直觉锁:瞬间将大脑锁上

偏见》,就会知道口碑传播对人们产生的影响有多么大。

在一项研究中,研究者让学生们看两份课程的评价。一份是几百个学生对课程的评分汇总,一份是一个同学对课程评价的视频录像。你能猜到学生们会根据哪份评价来决定选修什么课程吗?结果发现,学生们更容易受到视频录像的影响选择视频推荐的课程。从一个活生生的人口中说出的话,能带给人们生动逼真的感觉,这比冷冰冰的数据要鲜活生动得多。这都是因为口述生动逼真、细节丰富。

3　增强替代性

要想让人们接受一个模糊抽象的概念,最好的办法就是借用人们能够理解或知晓的另一个概念和事例来描述它。就比如"黑洞"这个概念,人们只是模糊地知道是什么,但是不能更具体地理解它。那么霍金是怎样对黑洞进行理解的呢?霍金对黑洞的认识,来源于他的一个闪念。在 1970 年 11 月的一个夜晚,霍金躺在温暖的被窝里,开始思考黑洞的问题。他突然意识到,黑洞应该像被窝一样是有温度的,这样它就会释放辐射……霍金就是采用替代的方法来理解黑洞的。替代是用人们熟知的、能够理解的信息,替代另一个模糊信息的做法。替代性增强就是指你的信息要尽量让大脑想到熟悉的相似事物。这样人们可以将对熟悉事物的情感、喜好和属性,牵引到陌生的事物和概念上。当霍金通过被窝联想和理解黑洞的时候,他对黑洞的陌生感觉，就被对被窝的熟悉和温暖感所替代了。这让他通过被窝的温度联想到了黑洞的辐射。这种理解方式让他对黑洞这个神秘而模糊的概念，有了全新的猜测。

对一个问题或概念，如果无法直接获得可能的答案和理解，大脑也不会轻易放弃，不会轻易说不知道。凡是被大脑关注到的信息，都会得到大脑的确认，否则大脑就不会停止思考。大脑会在自我情感和意志的作用下，采用替代的方式理解信息——启动启发机制和替代模式。就是借助对类似问题做出判断，来替代这个棘手的目标问题的答案。这时大脑会坚信自己是对目标问题做出了正确的回答。卡尼曼将其称作启发式。简单地说就是，信息看上去像什么，那它就是什么。替代的问题越容易让人们产生联想，就越容易做出解答，大脑就越容易锁上。

如果有人问你："苹果手机时尚吗？"你会怎么说？这个问题看似简单，但是要想回答并不容易。因为时尚是个模糊的概念。面对这样空洞的问题，很多人都不知道该如何回答，但也不会说不知道，因为大脑不允许你这么做，大脑会启动替代模式来回答这个问题。如果你见过哪个明星在用，或者身边哪个时髦的人在用，那么这样的事例就会让大脑认为，苹果手机是时尚的。大脑会把苹果手机时尚不时尚的问题，转变成明星们用不用的问题。因为在大脑看来，明星是时尚的风向标。如果大脑能联想到某个明星在用苹果手机，那它就会认为苹果手机是时尚的。获得了这样的替代，大脑就会被锁上，就会认为苹果手机是时尚的。还比如，如果你想知道小米的

第一部分
直觉锁：瞬间将大脑锁上

投资前景怎么样，该怎么办呢？这是个非常复杂的问题。这时你会借助小米的相关信息来进行评估和判断，就比如你会看看红米的销量好不好，小米最近推出了什么新技术，以及雷军最近有哪些言论，甚至是小米代言人最近的动向等。这都会成为你理解小米前景好坏的替代信息，从而让你对小米的投资前景做出判断。

要想在信息中增强替代性，可以打比方、举例子等。比如4G网络有多快，直接去展示4G技术的快，不是件容易的事情，用户也不会产生生动形象的理解。但是采用替代的方式就能很好地解决。广告就采用了替代的方式来表达4G的快：通过展现风吹在一个女人脸上的感觉，来形象地展示4G的快。3G技术的速度，就像大风吹在脸上，整个人显得很舒畅。而4G的速度就像剧烈的风吹在脸上，整张脸被吹变了形。我之所以能记得这个广告，就是因为它生动形象地采用替代技术展示了4G的快。这就是增强替代性的一个很好的案例。

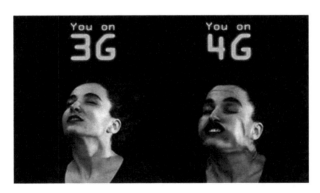

4　增强熟悉感

在我女儿出生后不久,我经常莫名其妙地接到一些摄影棚的电话,向我推销婴儿的百日写真。起初,我觉得这些骚扰电话很烦人,气愤自己的个人信息又被卖了。可是接下来,由于经常接到这样的推销电话,我的态度竟然开始发生微妙的改变。我从最初对这些电话的反感,到习以为常,再到开始想要了解一下怎么给婴儿拍写真。在这些电话的反复骚扰下,我感觉别人家都在给孩子拍婴儿写真,如果我不给自己的孩子拍,就好像不太正常。

我从最初对这些骚扰电话的反感,到后来想要了解一下,想要给孩子拍写真,这其中发生了怎样的心理变化呢?那就是我对一件反感的事情的熟悉感增强了,导致我对这件事情的态度从反感转变为喜欢和想要。这就是著名的心理学家罗伯特·扎伊翁茨提出的曝光效应。他曾潜心研究重复某种刺激和这一刺激最终带来的轻微情感波动之间的关系。他发现了个体接触一个刺激的次数越频繁,对该刺激就越喜欢的现象,这就是曝光效应。

研究者们让被试重复接触一些单词,然后测试他们对这些词的喜好程度。结果发现,重复接触次数越多的单词,越明显地受到大家的喜爱。不只是单词接触多了会产生曝光效应,曝光效应还会出现在我们生活的方方面面,比如人、事、物等。在另一个实验中,

第一部分
直觉锁：瞬间将大脑锁上

心理学家让被试们听几段音乐，然后选出自己喜欢的那个。结果被试们选出的大部分音乐，是自己听得次数最多的那一段。同样的，使用汉字、人脸、任意图形做的实验，也都再次证实了这一发现——接触的次数越多，人们越是喜欢。产品也是这样，让人们感到熟悉的那个产品，更容易被选中。在这里，你也可以试着回答一个问题：一款陌生品牌的加湿器和一款飞利浦的加湿器，你更喜欢哪个？大部分人会选后者。这其中恐怕是因为你接触过更多他们的广告的原因。

曝光效应其实是情感增强的结果。罗伯特·扎伊翁茨认为，刺激物不断地出现，而并没有产生不好的影响，这样刺激就成了一个安全的信号。安全是友好的表现，而友好会激起人们的好感。从对信息的漠不关心和反感，到认为安全，再到产生好感，都是重复实现了情感的增强。

曝光效应更为神奇和有意思的是，如果单词或者图片快速地从你眼前唰唰唰地闪过，快到让你根本没有意识到自己看见过它。但即便是这样，你还是喜欢重复率高的图片和单词。这说明曝光效应并不依赖对熟悉程度有意识的体验。其实，当人们完全没有意识到自己看见了刺激物时，曝光效应会更强。很多时候，人们并不是没有意识到一件事物，只是没有上升到意识的层面。神经学家研究发现，如果拿一张熊的照片在你眼前快速闪过，你并没有意识到自己看见了什么，但是这并不意味着你的大脑什么也没有看到。很多时候，大脑中看到熊的脑区是被激活了的，只是没有上升到我们的意识层面罢了。就像大脑会自动地为接收到的信息匹配上情感一样，我们是不会意识到的。但这并不意味着它没有在大脑中发生。也就是说，曝光效应很多时候是凭直觉产生的，很容易形成直觉锁，莫名地让你对信息产生好感。

我还发现一点，重复不但可以让人们对漠不关心或者反感的事物产生好感，还会让人们产生罪恶感。这也是一些事情重复多了会对人们产生行为影响的另外一个原因。重复刺激可以让人们产生好感，也有可能让人们产生罪恶感，刺激会让信息与自己是个怎样的人发生关系，也就是说，重复最终对人们产生了自我锁。自我锁对大脑的控制是更有效的。就像我重复接到拍写真的推销电话一样，起初很讨厌这样的骚扰电话，但是几次之后，我感觉这些推销电话好像没有什么恶意，反而像是给了我们一个提示，暗示我正在错过什么美好的东西。同时，这样的反复刺激，让我感觉好像别人都在这样做，如果自己不这样做，就意味着自己不为孩子着想，不爱自己的孩子。最终，我只能通过给孩子拍套写真留念，来解除心中的罪恶感。这就是人们在重复关注信息的时候启动了大脑的自我决策模式，让大脑产生了自我锁。

熟悉的信息能够快速进入脑海，使人们放松对它的警惕。大脑会将熟悉的信息默认为安全的和好的。另外，人们一旦对一些信息产生熟悉感，就很难将熟悉感与真实感区分开来。重复刺激的确能让人产生熟悉感和好感，但关键是，很多时候受众不会给你反复骚扰他的机会。你打一次推销电话，对方就会把你拉入黑名单。而且，

第一部分
直觉锁:瞬间将大脑锁上

也不是每个商家都有雄厚的资金去铺天盖地地投放广告。在种种局限之下,你该如何增强信息的熟悉感呢?

有段时间沃尔玛超市里不停地播放着"妈妈壹选"这个品牌的广告。在超市里待半个小时,你的脑子就都是"妈妈壹选"这几个字。甚至有时候下午去超市,晚上脑海里还在回荡着这个名称,就好像它住在我脑子里了一样。结果没过多久,我家就用上了妈妈壹选的洗衣液。我对它并不了解,也没有品牌偏好,可我就是莫名地选择了它。这个广告效果之所以这么明显,不单单是因为它播放的次数多。超市里每天也在播放别的广告,为什么没有对我产生如此明显的影响呢?我之所以对这个品牌有印象,甚至这种印象直到今天依然存在,更重要的是这个品牌的名称中用了我们最熟悉的一个词——"妈妈"。虽然是个新的品牌,但是一听名字就让人们对它产生了熟悉和亲近感。人们对妈妈这个词太熟悉了,有太鲜明的情感了。直觉中大脑也会对这个产品产生好感和亲近感。这就是用人们熟悉的元素做品牌和产品名称的好处。一些研究也证明了我的这种推测。研究发现,用人们比较熟悉和容易上口的词做产品和公司名称,人们更容易相信产品的品质,股票也会更加受到欢迎。相反的,比较绕口的名字则不然。

还有一项研究是让被试从一些画中选出自己喜欢的画。结果发现,大部分人会选择那些以熟悉的情景和事物为题材的画,比如像日落、花草等;或者选择熟悉的画作,比如像《蒙娜丽莎》《向日葵》这样的经典名画,而很少有人会选择那些题材不熟悉、画作不熟悉、让人难以理解的画。这就说明，越是熟悉的内容，人们就越是喜欢。当然也有人非常喜欢那些抽象的画，可这就不是直觉锁在发挥作用了，而是理性锁和自我锁。所以，我们要学会借用受众比较熟悉和常接触的内容来展示信息。

熟悉感增强就是借用受众熟悉的概念、熟悉的方式、熟悉情景、熟悉的工具、熟悉的形象等熟悉的事物，来表达你的信息。这样既能提升信息的可信度，也能快速产生直觉锁。

5 增强典型性

要想让受众快速认出信息，还可以通过提升信息中的典型特征和形象，来让受众仅仅通过捕捉到信息中的典型特征直接做出判断。典型特征和典型形象，是让人一看就知道你在说什么。也就是我们常说的以偏概全、以貌取人的认知模式。在直觉模式中，大脑可以仅通过一些线索还原出整个对象。快速从对象中捕捉典型特征和典型形象，是大脑对信息做出判断的一种捷径。就比如要在一部电影中塑造 20 世纪六七十年代的人物形象。首先你要想到的是那个年代的人的典型特征和形象是什么。在那个年代男人和女人的穿着基本相似，宽松的蓝、黄色的解放装和中山服。演员只要穿上这样的服装，年代感马上就会显现出来。看到这样的人物形象出场，你就会根据人物形象中所携带的典型特征，直观地判断出这是一个什么年代的人物，大概在讲述一个什么故事。这就是通过信息中的典型特

第一部分
直觉锁：瞬间将大脑锁上

征，对信息做出的快速判断。同样的，你也会知道信息在表达一种什么样的情感，因为典型形象背后携带的是鲜明的情感。我们一定要记住的是，大脑快速粗评依赖的是情感，无论形式怎么变化，目的都是试图从中获得鲜明的情感，从而确定是好是坏的判断。

在牛奶广告中，生产车间的工人们都戴着口罩、穿着白色的工作服，你看到后就会认为牛奶很干净。同样的，有些餐馆的厨房是开放式的，你不但可以看到穿戴干净整洁的厨师，里面的一切都可一目了然。你看到这样的场景，就会把这些典型形象与干净联系起来，哪怕在这样的餐厅里还是会有老鼠和蟑螂出没。

你看到大街上染着红头发的女孩，会认为她是做什么工作的呢？人们的普遍猜测是她在发廊工作，或者从事演艺活动，或者搞艺术创作之类的。这就是我们借助典型形象对一个人做出了快速判断。因为在我们的印象中，在发廊工作的人通常发型比较显眼，演艺圈的人染这样的头发更多是为了时尚等。卡尼曼就认为，典型性启发属于一连串可能同时发生且联系紧密的基本评估，最具典型性的结果与特性描述结合在一起，就会生成最有条理的信息。很多时候，这样的判断不一定正确，但是大脑却感到合乎情理。这就意味着，提升信息的典型性，可以让用户在接收信息的时候，不假思索地按照你的典型性设定确认信息，围绕典型特征轻松展开一连串符合逻辑的联想，而忽略事实是什么。比如，在人们看来，穿白大褂的不是医生就是专家。而一项研究发现，某些人在接受了穿着白大褂的专家的意见后，大脑的一些脑区停止了反应。这就说明，大脑通过典型特征认出并确定了信息，停止了对信息进行进一步评估。

我们不可能去考察一条信息的全部内容，那需要花费大量的精力和时间。直觉锁要的是快速、不费力气地获得。而提升信息的典型性，让大脑产生直觉锁的可能就会大大增强。

6　增强愉悦感

心理学家曾做过这样一个实验。他们找来两个长得一模一样的孪生姐妹，姐姐是莎蔓，妹妹是珍妮。她们的性格相似，有同样的想法，同样的癖好，同样的价值观、人生观，她们还选择了同样类型的男朋友。她们的相似程度，让她们的男朋友遇到了不少尴尬的事情，比如他们经常抱错对方，吻错对方，叫错对方的名字……心理学家在选择研究对象时，希望这两个人无论是性格上还是爱好上，最好都是一模一样的。而莎蔓和珍妮姐妹两个非常符合他们的标准。

接下来，心理学家要唤起她们不同的情感，让她们体验不同的情绪。早上7点，闹钟响起，她们开始了新的一天。首先，心理学家让她们听不同的音乐。他们给珍妮听欢快活跃的快节奏音乐，让她想起快乐的事情。给莎蔓听节奏较慢的、比较悲伤的音乐，让她想起难过的事情。接着再让她们观看影片，但不同的是给珍妮看的是喜剧，给莎蔓看的是悲剧。第三步，也是改变心情最有效的方法，就是给她们阅读筛选过的单词。给珍妮看的是振奋人心的单词，比

第一部分
直觉锁：瞬间将大脑锁上

如加油、努力、棒极了、可爱、快乐等。而给莎蔓读的则是忧伤的单词，比如失望、沮丧、无奈等。这些做法使得她们两个人产生了相反的情绪。我们在前面说到过，音乐、单词、画面是带有情感的，接触带有不同情感的信息，就会被唤起不同的情感和情绪。

接下来，心理学家让她们去购物，以此来看情绪对她们的购物选择有什么影响。你猜结果会怎样？结果发现：珍妮很开心，一连逛了好几家店，又试鞋子，又选帽子，挑来选去买了一大堆东西。这次珍妮购买的东西比平时要多很多，而且在款式的选择上也比平时夸张、大胆许多。而莎蔓则郁郁寡欢，和珍妮的行为大不相同。悲伤的心情导致她无心购物，只是草草地逛了两家商店，仅仅买了一两件东西，而且还是向店员确定可以退换货后才买下的。

珍妮说："我感觉很好，很棒，很快乐，我喜欢这种感觉。"珍妮对自己买的东西很满意，同时也给姐姐买了一份。莎蔓说："我觉得我对自己做的事情一点信心都没有，自己觉得好难过。"莎蔓也表示不是很喜欢自己买的东西，她更多的是发现了自己买的东西的不好。

通过这个实验可以看出，心情的好坏会影响我们的决策。莎蔓的心情不好，结果她只买了一两件东西，她感觉自己什么也不想要。而珍妮的心情好，所以购买了很多东西，她感觉自己什么都想要。

这个实验证实了，情绪对人们认出信息起着重要的作用。如果人们感到愉悦，在接触到信息的时候，人们会更积极主动地认出它。

愉悦的大脑思维更灵活，关注的信息更多，更容易围绕一个信息展开想象，考虑到事物更多正面的可能性。珍妮看到什么都想买，因为愉悦的大脑为她打开了更多正面的可能性。比如看到一双鞋子，她会更容易想象自己穿上它美好的样子，更能想象到在什么情景下穿它、用它。这是因为人们在心情愉悦的时候，大脑会释放多巴胺，多巴胺刺激大脑变得更活跃，促进了脑细胞之间的连接，促使大脑展开更多想象。很多人写东西的时候，喜欢抽烟或者喝咖啡，就是为了提升大脑的活跃度和愉悦感。

相反的，大量证据表明，消极情绪会导致我们的关注范围缩小，让我们只能把注意力集中在一两个对象上。消极情绪诱导我们关注情绪因素，而不是自身各种可能的需求，让我们没有了选择的欲望。更重要的是，消极情绪抑制了多巴胺的释放，使大脑变得迟钝，在面对信息的时候不容易积极主动地展开想象。所以莎蔓看见什么都不想要，感觉毫无意义。另外一些心理研究也证实了这一点，让被试在测试前接触一些愉快的事情，保持一个好心情，他们的测试成绩会大大提高。而被试在不开心的时候会丧失直觉判断，测试成绩明显降低。

大脑在接收信息的时候，会快速做出情感判断，第一时间区分出好不好、喜不喜欢、需不需要。当大脑处于愉悦状态下的时候，愉悦感会改变人们对信息的判断，会把这种情感投射到信息中。所以在心情愉悦的情况下，人们看什么都美好，看什么都喜欢。

要想增强愉悦感，一方面可以在人们接收信息前先让其接触愉

第一部分
直觉锁：瞬间将大脑锁上

悦的事情，比如像试验中那样，听愉快放松的音乐，看积极正面的词和画面。在临近春节的时候，很多超市都在播放《恭喜发财》这首歌，而且也挂起了红灯笼，贴起了红对联，整个超市都喜气洋洋的，热闹了很多。身处于这样充满年味的气氛中，你会愉悦不少，结果是你买的东西也多了不少。其中很多东西都是在你的愉悦感增强后购买的。另外一方面是让信息本身带上愉悦感，比如轻松愉悦的文字表述，微笑的或者风景优美惬意的图片，活泼热烈的颜色等，都能增强信息的愉悦感。

增强愉悦感还有一种方式，就是提升顾客沟通时的愉悦感。在开篇的时候我说过，我很喜欢去一家果蔬超市购物。这其中一个重要的原因是，在那一个环境里我的愉悦感增强了。让我的愉悦感增强的不单是店铺的环境、播放的音乐，还有个重要因素，就是服务员的服务态度。店里所有的服务员只要从顾客身边走过，只要目光与顾客有交汇，都会点头向顾客问好。在这里工作的服务员我想一天最少要说几千次"你好"，因为他们始终都把"你好"挂在嘴边。这里要强调的一点是，服务员与顾客擦肩而过，始终都会微笑着把目光投向顾客，不会有丝毫的回避。而在别的超市，服务员根本不看顾客，总怕顾客叫住自己。而这家超市的服务员始终都在等着解决顾客的问题。而且超市里的服务员也比较多，顾客抬头就能看到，想要咨询什么问题都很方便。我记得有一次我想要买一种饮料，在货架上没有找到，这要是在别的超市，我会打消购买的想法。而在这里由于他们很热情，服务员随时都在你身边，你就会有想要咨询的冲动，服务员也会微笑着告诉你要找的产品在哪里。这里的服务员始终都把"有什么需要帮忙的""这个要不要帮您切一下，包一下""您需要找什么产品"挂在嘴边，这样的购物气氛会引发顾客更多欲望，让顾客想要购买更多的产品。

第六章

直觉锁加密原则之五：情景开启

1　情景决定价值

很多女孩都知道，和别人一起拍照的时候，要想让自己的脸显得小，就要站在别人的身后，离镜头远一点。这就是运用情景因素，改变人们认识的"好办法"。不管是在日常生活中，还是商业行为中，把控好情景因素，的确能对他人产生有效的影响。

人们的思维是情景化的，当你以情景为基础向他人传递信息的时候，就将人们的思路限制在了一个范围内。这样大脑容易围绕事物产生连贯思维，信息的真实性和人们对它的信任度也会大大提升。把信息放在情景中，给人的感觉是信息言之有物。情景化的信息，容易让人们联想到形象的画面，易于大脑进行获取。信息情景化摆脱了不确定性，让人们可以直接做出反应。

理查德·泰勒做过一项研究，他让被试想象一种情景：在一个炎热的夏天，你正躺在沙滩上悠闲地晒着太阳。忽然你很想喝一罐啤酒。刚好一个朋友要离开去打电话，你便想让朋友帮你从一个小杂货店或高档度假村带一罐啤酒回来。在这种情景下，你打算为这罐啤酒付多少钱呢？

从理论上来说，这两种情况下啤酒的价值是一样的，但事实上这两者的售价差别很大。度假村一罐啤酒卖2.65美元，而杂货店只要1.50美元。研究结果发现，如果自己的朋友是要去度假村买啤酒，人们也会心甘情愿地付2.65美元。

这项实验表明，常常是产品的销售情景在决定着人们对价格的判断。产品的销售场所、人们的购买体验以及推销员的服务态度，都会影响人们对产品价格的判断。在这个实验中，人们并没有直接面对不同的销售情景，只是对豪华度假村和小杂货店两种情景的简单想象，就改变了人们对价格的预期判断。从这个实验来看，人们对事物价值的判断，很多时候是受情景左右的。杂货店和度假村这两种不同的销售场景，决定了人们对同一种啤酒的售价评估。

第一部分
直觉锁：瞬间将大脑锁上

人们不但会通过细节对信息做出快速评估，也会通过信息所在的情景对信息进行快速评估。就像上面泰勒的研究，销售情景的不同决定了人们对其价格判断的不同。还比如一个长相怪异的蘑菇放在厨房里，你会认为它是可以吃的；而如果你是在野外看到它，你就会认为它极有可能是毒蘑菇。一张小学生的照片，如果被挂在学校的墙上，人们会认为他是一个好学生；而如果它被贴在小区的布告栏里，人们就会认为他是失踪人口。情景是人们对事物做出快速判断的另外一种依据。在不同的情景下，人们对同样的主体有不同的认识。把主体放在什么情景中，主体就有什么样的价值和意义。这就是情景的力量。

2　情景决定感觉

假设有两家晨光文具店，一家是精致的充满文艺气息的小店，店面布置得很时尚，商品摆放也很整齐。而另一家店则正好相反，不但招牌简单，店铺里的各种杂货摆得也是满满当当，连个落脚的地都没有，顾客在里面只能挤来挤去，很不方便。这样的两家店，货架上的商品几乎是一模一样的，它们都是同一品牌的产品，品质也没有差别，而且价格基本也是一样的。你倾向于选择哪一家店呢？在我家附近正好有这样的两家店。很多时候我会选择去店铺杂乱的那一家，而且我发现这家店的生意比另一家要好很多。

店铺杂乱的那一家生意比较好，有两个原因。一是它所销售商品的属性问题。像笔、纸、本子等文具，都属于短期消耗性的用品。由于人们根本不会有用太长时间的打算，所以更希望价格便宜，而不会追求什么品牌效应。

另外一个原因在于店铺给人们的感觉。铺面设计简单、货塞得很满的店铺，给人的感觉是在靠数量赚取利润。货多意味着销量多。这就像在商场里，如果某个商品摆放量很多，你会认为它在促销让利，销量一定很大。这给了人们商家在薄利多销的感觉，所以促使更多人争相抢购。而店面设计时尚、货量少、货品摆放整齐的那家店铺，给人的感觉是销量很少，商家卖一个是一个、卖一个赚一个，让人感觉商品很贵。这就是不同的情景设置，给了人们不同的感觉。这导致两家店尽管价格差不多，但是生意截然不同。

我们一定要明白的是，情景改变导致什么发生了改变，那就是情感改变了。杂乱给人的感觉是便宜，而干净整洁给人的感觉是比较贵。所以设计情景就是设计人们的感觉。你首先要知道顾客希望你的产品是什么样的，然后要弄明白什么样的情景能给人这样的感觉。

生活中我们经常会遇到上面的这种情况，两家店在同一区域，但是有的生意很好，有的生意却很差。谁更懂消费的感觉，谁更会营造氛围，谁就容易生意兴荣。因为你离消费者的心更近，才能离钱更近。有一家华联超市我以前经常去，后来发现了另外一家超市，

第一部分
直觉锁：瞬间将大脑锁上

就很长时间没再去这家华联超市。两家超市离得很近，卖的东西也差不多，我不知道为什么自己就不喜欢去这家华联超市了。后来有一天我发现了这是为什么。

有一天，我为了购买一个急用的东西，再次走进这家华联超市的时候，瞬间就惊住了，也发现了为什么以前我不喜欢这里了。其实，是因为它把货物摆放的方式进行了大的调整。以前，一进超市的门口摆放的全是酒和礼品之类的商品，这些东西并不是大部分人每天要消费的商品。所以要想购买熟食、水果和蔬菜这些大众每天都要消费的商品，你需要刻意地无视和回避这些酒和礼盒，往里面走五六十米才能看到。消费者大部分时间去超市都是为了购买这些日常的食物。在他们推着购物车往里走的这段距离，就制造了商家和消费者之间的距离感，因为我需要穿过它们才能见到我想要的东西。其实我不愿意来就是大脑无意识间为我做出了决策，大脑感觉这家超市和自己有距离——不懂自己。

那么现在我为什么喜欢它了呢？就是因为他们把水果摆在了一进门的地方，然后是熟食和蔬菜。由于我一进门就能看到我想要买的日常用品，瞬间就给我一种亲近的感觉，感觉商家很懂我。回想一下，我喜欢去的那家超市，就是把熟食和水果、蔬菜放在了顾客一进门就能刚看到的位置。当你知道用户要的是什么感觉的时候，就要把情景设计成能够满足他们这种感觉需求的样子，顾客就会喜欢。就比如把顾客最常消费的商品放在一进门就能看得到的地方，一伸手就能够得到的地方，顾客就会感觉很亲近。

你想让顾客感觉你的商品是便宜的,就要把商品放入让人感觉廉价的情景中,比如聚划算的销售情景,还比如上面说的到塞得满满当当的文具店等,人们会认为你的商品很便宜。如果消费者要的是快速获得,你就要把消费者需要的东西放在他们触手可及的地方。情景的设置告诉我们,不必改变事物本身,只需改变它所在的情景,就能让人对它产生不同的态度和感觉,其实情景就是在制造感觉,成功的情景设置就在制造与消费期待相一致的感觉。

3 借助情景开启需求

收藏家马未都讲过一段经历,他曾见到一个销售员三句话就搞定了一个顾客。一个顾客停在了一幅画前看了半天,看样子他是对这幅画有点犹豫。这时一个销售员走上前去问他:"拿不定主意了吧?"他点点头说:"是啊,是啊!"这是第一句话。销售员说的第二句话是:"你们家的墙是什么颜色的?"这是第二句话,作用是设定情景。顾客说"我们家的墙是粉色"。其实,这是个特例,大部分家庭都不会把墙刷成粉色的,除非是一个小女孩的房间。销售员说的第三句话是:"这幅就很合适,它的底色是粉色,和你家墙很般配。"结果是顾客高高兴兴地把这幅画买走了。其实重点不在墙的颜色,顾客说墙是白色的,销售人员恐怕也会向顾客推荐这幅画。销售人员会说:"白色的墙挂什么画都很合适,你看的这幅就很好。"重点是,后面的两句话是为了引导顾客想象到这幅画的使用情景,

第一部分
直觉锁:瞬间将大脑锁上

让顾客马上就在心中把这幅画挂在了自家墙上。这就是用情景带入法引导顾客想象商品使用情景。首先设定使用的情景,将用户放入一个既定的框架内,限制用户的思绪。销售员要做的第一件事就是设定使用情景,让他和顾客交谈有个扎实的基础。然后,再与顾客围绕这个情景来讨论合不合适,这是让用户通过想象使用情景,在情景中为自己找到合理的购买理由。只要能找到把商品放进某个情景的合理理由,就会开启用户的需求。这就是销售中最核心的技巧,即情景开启需求。而销售最忌讳的则是漫无目的的空谈。

把产品放进一个假设的情景中,围绕情景描述如何使用产品,人们的需求就会被开启。在一次电商培训中,我发现很多服装卖家喜欢在摄影棚里的纯色背景下拍摄产品照片。这样虽然操作简单,但是对消费者的影响力不一定好。要想让消费者对产品更有感觉,就要根据服装的特点,选择适合的实景或者虚拟情景拍摄照片。把一件衣服放入一个情景内,能让消费者想象到自己穿上衣服后出现在情景中的画面。这就等于消费者已经把这件衣服穿在了自己身上,消费者的需求也就真正被打开了。就比如一件衣服被模特穿着在时尚的都市街头拍摄产品照片,那么当消费者看到的时候,就更容易想象到自己穿着这件衣服像模特那样美地出现在这种情景中的画面。

把产品放进情景中拍摄照片,更容易开启人们的需求。同样的,介绍产品功能的时候,也要把功能放进情景中去描述。这会在人们的大脑中开启这种状况出现的可能。只要有可能,人们就会认为自己有需求。

我们拿儿童定位手表来说吧。各种品牌、各种功能的手表应有尽有，当你打开那些手表的详情页时会发现，大部分的产品介绍都是对功能的罗列，顶多会配上几张精美的图片。就比如对彩屏这项功能的描述，只是告诉你手表是彩屏的，很好看，并没有说彩屏这个功能对我有什么用，什么情况下能用到彩屏。由于产品表现形式雷同，所以消费者选择起来也分不出伯仲。如果商家能把这些功能放进使用情景中进行展示，那么产品价值就会大大提升，消费者也会感觉自己真正需要的就是它。

那么如何把产品的某个功能和特点放进情景中帮助用户开启需求呢？我们拿黑白屏的儿童手表来举例说明吧。你可以强调黑白屏的优势，同时假设一种情景来体现这种优势。那么黑白屏这种看似落后的技术能有什么优势呢？对于儿童手表来说，它最重要的优势是省电。为什么呢？因为"假如一天早上孩子要上学的时候，发现手表的电量只剩一格了，你也完全不用担心，因为黑白屏手表的耗电量很小，即便是在电量仅有一格的情况下，也可以待机24小时。"这就是把一种功能放在情景中的时候，它的价值就会突显出来，就会有利于开启消费者的需求。

还比如有些儿童定位手表有拍照功能。很多商家在描述这项功能的时候，只是说孩子可以随时随地拍下自己看到的事物，而并没有把它作为定位手表的核心作用体现出来。要想让人们感觉必须选一个有拍照功能的儿童定位手表，就要围绕核心功能展开描述。就

第一部分
直觉锁：瞬间将大脑锁上

比如"当孩子遇到紧急情况的时候，可以顺手把周围的环境或当时的状况拍下来发送给大人。这样可以避免孩子在紧急状况下描述不清，将自己置于危险之中。拍照功能可以让家长直观快速地了解孩子所处的情景。"这就是把一种功能放进情景中开启消费者需求的方式，如果可以灵活运用，将会有力地影响产品的受众。

那么没有拍照功能的定位手表，是不是也能把没有这种功能放入情景中来开启一种可能呢？就比如"这是一款没有拍照功能的手表，避免了孩子们边走边拍带来的风险。如果孩子为了拍照忽视了身边的车来车往，将自己置于危险之中，那就违背了为孩子配备安全手表的初衷。"我想这两种情景都能说服消费者购买。这就是因为把功能放进情景中，有效开启了一种可能。人们的直觉系统，不会衡量某种可能发生的概率，只要是大脑能够联想到的，就会被认为是事实，尤其是当大脑围绕一个情景思考的时候，很容易相信那是真的。这时大脑就会试图尽力避免这种可能发生。

第二部分

理性锁:深度地将大脑锁住

第七章
理性是变相的认出

1　你为什么能做出更加适当的行为

理性锁是人们通过理性思维模式对信息做出的确定的判断。直觉锁确定的是信息的好坏,而理性锁确定的是信息更好还是更坏,也就是更加细致和精准的决策。虽然很多时候,人们借助理性做出的决策,并没有做到更好,或者只是获得了一种更好的假象和错觉,但是大脑依然认为只要理性地做出了判断,就会更好。

锁脑

在我 19 岁一个深秋的夜晚发生了一件事，让我至今都耿耿于怀。那晚我骑着自行车路过中关村，当时已经是晚上 11 点了，马路上没有什么人。而且那时的中关村还没有现在这儿繁华，四环都还没修。我经过一个十字路口的时候，马路斜对面有一个女孩冲我喊道："同学，你能骑车带我到人民大学吗？"深夜，一个女孩，一挥手就可以打到车，却要求陌生人送她到只有两站地远的人民大学，这些信息给我的第一感觉是——不好，有诈！我的大脑告诉我："快走！不要理她。"于是我不假思索地加快速度离开了。

我之所以有这样的反应，是那一幕让我联想到一些电影中，深夜在街角的路灯下，主动和路人打招呼的站街女的情景。我的大脑瞬间认出了这个女孩对我的威胁。于是就在大脑认出的瞬间，咔的一声，大脑就锁上了。被直觉锁上的大脑暂停了思考，让我完全相信了当时的判断，毫不置疑。大脑之所以做出这样确定的判断，就是为了让我根据大脑确定的信息迅速做出反应——跑！结果就是，在大脑锁上的一瞬间，我跑掉了。

但是，当我从十字路口离开后，我开始边骑边想："一个女孩在深夜向我寻求帮助，她是不是有什么困难？没钱了？脚受伤了？……"想到这里我决定返回去帮她。当时我已经骑出去了两公里。我从犹豫到返回，大概用了三四分钟的时间。当我再次回到十字路口的时候，那个女孩已经不见了。可是这件事并没有随着她的消失而结束。我返回去找她，是因为在我毫不犹豫地跑掉之后，我的大脑就由负责理性思维的脑区——前额叶区接管了，大脑开始质疑我

第二部分
理性锁:深度地将大脑锁住

跑掉的这一行为是否妥当,是不是更理性的选择。大脑告诉我这样的行为不妥、不理智,这时我的大脑"咔"一声被理性锁给锁上了。理性锁的产生让我决定返回去帮那个女孩。故事到了这个阶段,我大脑的理性部分开始发挥作用,让我的行为发生改变。现在我们就来看一下理性锁是如何运作的。

大脑凭直觉做出判断后,并不会持续受制于直觉锁。直觉会在第一时间确定信息是好是坏,并对大脑产生影响。但是大脑并不是只需确定好坏那么简单,我们生活在一个复杂的环境中,需要更加精确、更加全面、更加长远地对事物做出评估,而不是简单粗评。

在一项对大脑的扫描研究中,研究者让被试(美国白人)看一张黑人照片。研究发现,当屏幕上的黑人面孔仅呈现了1/30秒的时候,就引起了被试杏仁核的激活。但当这些面孔的呈现时间为0.5秒时,杏仁核的激活水平回归正常,而前额叶的激活却变得明显。其实这时是人们的理性接管了大脑。这个实验很好地展示了大脑的直觉和理性是怎样互相作用的。当看到一张黑人的面孔时,被试首先感受到的是他们潜意识中的某些种族歧视情绪。杏仁核为这张面孔匹配上了这种负面的情感,但人们不会任由自己的负面情绪宣泄,而是会用自身的理性来抑制这种负面情绪。因为大脑认为这样的负面情绪反应在道德、社会上是不适当的。所以,大脑前额叶区试着用理性去控制这种直觉的情绪反应。额叶控制这种情绪的方法,是为信息赋予更深远的意义。也就是在原有杏仁核赋予的意义上做了增强,让新的意义替代掉原始意义。意义的增强促使人们做出更适当、更有价值的反应。而实验中杏仁核活动的降低，就可以理解为被试们的直觉反应得到了有效的控制。如果大脑只是根据直觉的粗评做出反应的话，那么在这个复杂的世界，我们将无法很好地生活，将会引发各种不必要的冲突和损失。那天我之所以返回去找那个女孩，就是因为随后大脑被理性思维接管了，让我更加理性全面地去评估当时的情景。前额叶区可以帮助我们更加适当地处理那些更加复杂、更难的事情。

2 构建事物未来可能的样子

对信息的综合评估主要是由前额叶中的眶额叶皮层完成的。视觉皮层和听觉皮层将获得的信息向额叶皮层传递的过程中，经过杏仁核这个过滤器，被赋予意义。也就是说，在杏仁核脑将单纯的感知信息转化成意义。这些意义告诉你某些关于事物本质的重要信息。

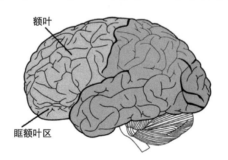

眶额叶区将杏仁核赋予意义的信息，放在整体背景下进行进一步综合评估，构建和预测信息未来可能的样子，这里强调的是整体、大背景、情景化。它指向的是未来事情可能的样子。它会通过整体评估，对事物可能的样子做出判断，就像我通过对当时情景的整体

第二部分
理性锁：深度地将大脑锁住

评估，判断那个女孩可能是遇到了什么样的事情或状况——这就是事情可能的样子。如果你听到草丛有动静，杏仁核会让你马上逃掉，但是眶额叶会对整个环境进行判断，分析草丛有动静的原因。如果是小区花园的草地上有动静，它就会得出那可能不是蛇，而是鸟或者别的小动物的结论。这就避免了你听到草丛中有动静就跳起来尖叫着跑掉的尴尬局面。

人类与其他动物的根本区别是人可以根据线索，来构建事物发展下去可能的样子。也可以说理性能够更加精准地掌控未来和预测未来。就比如你决定买一件蓝色的衣服，这是因为你的理性为你构建了你穿着这件蓝色的衣服可能的样子，比如让你看上去更年轻了，你的同事会说你更精神了等。如果你不能构建一件事情未来可能的样子，是不会产生理性锁的，你也不会去做这件事情。这是产生理性锁最根本的原则，即构建事情未来可能的样子。

3 赋予了新的意义

大脑对信息的精细评估，其实也是以情感为基础的。我在深夜看到那个女孩，判断情况不好便跑掉了。这是因为大脑将这种情景与我以往的经验匹配之后，让我心中产生了恐惧心理。紧接着我的大脑被理性思维接管了，我对这一信息做了新的评估，赋予了新的意义。我应该弄清楚女孩怎么了，错过一个需要帮助的女孩可不好。于是，我的大脑被理性思维给锁上了，然后我做出了行动，返了回去。

锁脑

在为这本书定副标题的时候,我和编辑产生了一点争议。原定的副标题是"如何独霸用户和他人的大脑",这是我认为最能表达这本书内容的一个标题。我认为大脑的决策不外乎是围绕直觉、理性和自我三个维度进行的。如果你能够深入了解这三个维度的信息加密技术,你就掌握了大脑的决策模式。这样人们的行为就在你的掌控之中了。这里"独霸"的意思是不管用户试图从哪个维度摆脱你的控制,你都知道他们的逃脱线路,都可以将其重新拉回你的掌控之中。另外"独霸"这个词是带有直觉锁的。当人们看到这个词的时候,瞬间会有一种本能的窃喜感。你感觉独霸这个词说到了你的心里。这就像前面的实验中,白人看到黑人的照片,会本能地产生一种恐惧情绪。人们对"独霸"这个词感到窃喜,也是一种本能的反应。你可以看看在这个商业社会,商家们绞尽脑汁地在做什么,竞争的深层欲望又是什么,不就是想干掉对方独享一个稳定的市场吗?独自占有是人类的一种本能欲望。

但是这种窃喜感只会存在一瞬间,很快你就会赋予这个词新的意义。接下来你会认为这不好,太极端,又是噱头——产生一种抗拒情绪,或者你认为人们并不想独自占有一些东西。这其实是你的理性赋予了"独霸"这个词新的意义,你的理性认为独自霸占是一种自私的行为。你的理性不认为或者不愿意承认,自己是一个想要独自享有这一切的人。这是你的理性在抑制自己独占、独吞的本能欲望。因为在"独霸"这种状态中,有一种不符合社会生存法则的负面情感。人类作为社会性动物,会通过自己的理性来规避被边缘

第二部分
理性锁：深度地将大脑锁住

化的风险。理性会用新的意义来调整自己想要独占某种事物的本能行为，让自己看上去更像一个社会人。大脑赋予事物新意义的能力，让我们看上去更像理性的人类了。这个过程是理性与本能的斗争。而在这种心理斗争中，这个标题已经进驻了人们的大脑，已经完成了读者在看到它时对其大脑的影响。

前额叶的眶额叶皮层和杏仁核，是人类情绪产生的主要脑区。它们的职能是利用我们的情绪反应指导我们的行为，并在不同的社会情境中控制我们情绪的发生。信息从杏仁核进入眶额叶区，大脑通过更加全面的分析为其赋予新的意义，让情感得到增强，从而借助理性的思维来影响人们的行为。

理性锁是大脑通过对信息更加全面、更有价值、更有意义、更系统、更长远地分析，对信息的确定，是为了让行为更适当，以求获得最大化的利益和价值。大脑通过理性分析得出的确定结果，就是理性锁。它会将大脑锁上，让人们做出行动和决策。理性锁是对信息做出的更好还是更坏的判断。

要想让大脑产生理性锁，信息的设计也是要符合一定的原则。我们可以通过五种符合大脑理性决策模式的原则，对信息进行设计和优化，从而将大脑锁上，并最终影响人们的行为。这样会让人们感觉，决策是自己经过深思熟虑得出的结果——但其实这是你设计的结果。这五种理性锁的加密原则分别是：情感增强、意志增强、时间优化、价值锁定和行为优先。

第八章
理性锁加密原则一：情感增强

1 情感转变给人理性的错觉

牛粪在印度人眼里是个宝。他们看到牛粪会捡回家晒起来当作燃料，甚至还会把牛尿当饮料喝。这是因为牛在印度人的心目中是神物，他们会把牛的排泄物当宝一样对待，从不认为牛粪是恶心的。而如果你的孩子第一次看到牛粪，觉得很好奇走上去看的时候，你一定不会让他靠近。你会说："好恶心啊，上面有很多病菌，快离它远点。"你想用这种方式来让他感受到正确的情感——恶心，从而促

第二部分
理性锁：深度地将大脑锁住

使他做出正确的行为——绕开它。而这种恶心感是由于你对牛粪的理解造成的。这里强调的是理解，你认为牛粪很脏，有很多病菌，所以很恶心。我们就是利用这样的认知，让人们体验到恶心感，从而改变人们的行为的。如果没有这种恶心感，你是不会绕开它、躲着它的。但是，它真的是你想象的那样恶心吗？不一定。而且也不是你碰一下就会感染病菌的。不然印度人也不会把它当作宝贝收集起来。这就是人们的认知不同，对其感觉也不同。人们就是通过这种看似理性的认知来唤起感觉，影响人们的行为的。情感和认知是紧密结合在一起的，都是信息的处理方式。也就是说，认知决定着人们的感觉，感觉决定着人们的认知。

很多时候，人们在决策过程的中，认为自己做出了理性的判断，但其实还是在围绕情感兜圈子。整个决策过程是信息改变了人们心中的情感，事实一点都没有变，而这种情感的改变给了人们理性的错觉。我们一定要记住：重要的是受众的感觉，而不是你的行为。你做什么都不重要，重要的是你唤起了受众什么样的感觉。你要想借助理性锁将受众的大脑深度上锁，就要引导他们将注意力和意志投入到感觉上。

当你看到"面包"和"呕吐物"这两个词的时候，是什么感觉？哪个词对你的影响更大？我想大部分人会认为"呕吐物"对自己的影响更大。假设有一块香喷喷的面包放在你的面前，你很想吃。但是，再把呕吐物的照片放在你面前，或者和你谈起呕吐物的事情，你马上就会对面包失去兴趣。之所以会产生这样的效果，是因为人们对这两者的情感是不一样的。也就是说，呕吐物比面包带有更强烈的情感，呕吐物更明显让人感到恶心，让人想要回避。这也说明信息中的情感是有强弱之分的。信息中情感的增强，会让人们对事物的偏好发生逆转，同样，也可以影响人们的判断。

如果一个大碗里面装有软糖，其中100粒是红色的。旁边的小碗里装着50粒软糖，其中红色软糖的比例比大碗中的要高。也就是说，你从小碗里拿到红色软糖的概率要高于大碗。而且两个碗上分别标着拿到红色糖的概率，大碗是7%，小碗是10%。如果让你从中选出红色糖，你会从哪个碗里选呢？这是美国马萨诸塞州大学阿姆赫斯特学院的心理学家维罗妮卡·丹尼斯－拉吉（Veronika Denes－Raj）、西摩尔·爱泼斯坦（Seymour Epstein）等三位心理学家在1994年做的一项实验。研究结果发现，在这种情况下，大部分被试都选择了大碗。你不免会问，人们的理性呢？明明标着小碗的概率更高，为什么非要从大碗里选呢？人们都认为大碗里的红色糖更多，而小碗里的较少。人们对多与少的直观情感，左右着人们的理性决策。这个实验表明，很多时候人们所谓的理性，更多的是情感制造的错觉。人们理性的决策模式，在内心深处还是受制于情感的。也就是说，人们的理性更多的还是围绕信息中情感的强弱来决策的，而不是绝对的理性。人们的理性决策根本就脱离不了情感的左右。

假设你在天猫购物，提交订单的时候由于库存短缺，系统提示你"有20%的可能会在三天后收到包裹"。看到这样的提示，你是不是想要取消订单呢？20%的概率让你感觉三天后收到包裹的可能

第二部分
理性锁：深度地将大脑锁住

性不大。于是，你转去京东商城去购买这款产品，可是在你下订单的时候，还是由于库存短缺，系统提示你"有20%的可能会在三天后收到一个印着京东LOGO的红色大包裹"。这次你是不是更愿意接受三天后收到包裹可能性不大的事实呢？本来是同样的事实，你为什么会接受后者而不接受前者呢？这就是因为后者增强了提示的情感，让你感觉包裹就在眼前，触手可及。它在提示中加入了生动形象的、具体的、细节的描述，比如印有京东LOGO的、红色的大包裹。看到这些信息，你的脑海中马上就会出现一个形象的画面。这样的获得感，降低了你对只有20%概率的敏感度。大脑对形象的获得，让人们感觉这个包裹就在眼前触手可及。这就是人们自认为做出了理性的决策，但还是在情感的左右下，对同样的情况做出了不同的决策反应。

人们看似理性的行为，在很大程度上还是受情感左右的。直觉通过对信息赋予情感告诉你哪个好哪个坏，让你做出快速的决策；而理性通过情感来判断哪个更好哪个更坏，从而做出自认为更理性的决策。要想借助人们的理性思维改变其行为和判断，就需要在信息的情感强弱上进行调整。情感越强，对人们的影响越大。

2 得与失哪种情感更强烈

增强信息中的情感，可以采用的一种方式是善用得失的框架。那么，得与失哪种框架给人的感觉更强烈呢？

锁脑

你在网上商城购物的时候，系统提示你某件商品库存有10件，提示的方式不同，你对10件库存的情感反应也会不同。"本商品还有10件库存"和"本商品只有10件库存"这两种提示方式，给人的感觉是不一样的。前者是围绕"多"的框架展开描述的，让你感觉很多。后者则是在围绕"少"的框架展开描述，让你感觉很少。看到这两种描述，哪一种更能促使你下单购买呢？更多人会受到"只有10件"的表述影响，而产生购买行为。研究表明，同一个问题的两种不同陈述方式，会引发大脑不同的联想和反应。丹尼尔·卡尼曼和阿莫斯·特沃斯基，把这种由于不一样的表达导致不一样结果的现象，称为"框架效应"。框架效应是指同一个问题的两种逻辑意义相似的说法，会导致不同的决策和判断。这其中最重要的是，两种陈述中的情感强度不同，导致人们的感觉不同，决策也就不同。上面这两种说法给人的感觉是不一样的，让人联想到的东西也是不一样的。"还有10件"的表述，往往让人感觉还有很多不用着急。"只有10件"给人的感觉是所剩无几，很快会售完。这两种描述给你感觉强烈的是后者——只有10件。"只有"比"还有"情感强烈，而且重要的是，"只有"意味着你将很快失去购买的机会，而"还有"这样的感觉并不强烈。

丹尼尔·卡尼曼和阿莫斯·特沃斯基对大脑对得与失的评估做过研究，他们发现大脑对"失"的感觉远远强于对"得"的感觉，也就是失去比得到给你的感觉更强烈。比如你在大街上捡到100元，

第二部分
理性锁：深度地将大脑锁住

或者你发现自己丢了100元。你感觉哪种情况对你的影响更大呢？大部分人都会认为丢了100元对自己的影响更大。虽然捡到100元能让我们感到高兴，但是与失去100元相比，丢钱的沮丧程度让我们感觉更强烈。丹尼尔·卡尼曼等人把这种现象称作损失厌恶。人们对损失的反应，比对盈利的反应大得多。也就是说，大多数人对失去100元的恐惧，比得到100元的渴望要更加强烈。他们认为"失去比得到，给人的感受更强烈"，所以大部分人都在时刻避免损失。"只有10件库存"，暗示着如果自己不马上购买，将会失去购买的机会。

得与失相比，大脑对失的感觉更强烈，而且大脑对"失"非常敏感，它会自觉自动地对"失"的情感进行规避。大脑的这种能力就像雷达一样，可以自动规避任何"失"的可能。避免损失是大脑的根本意志所在。

如果有两种价格的巧克力给你选择，一种是15美元的果仁夹心巧克力，另一种是1美元的普通巧克力。你会选哪一个？我想大部分人都会选择15美元的果仁夹心巧克力。但如果把这两个选项稍作修改，这种局面就会发生改变，人们就会更多地选择普通的巧克力。那就是把两种价格的产品都降价1美元。果仁夹心巧克力14美元，普通巧克力不要钱。这不是我的猜测，而是行为经济学家丹·艾瑞里在他的著作《怪诞行为学》中提到的一个实验。

当果仁夹心巧克力售价为15美元，普通巧克力售价为1美元的时候，73%的人选择了贵的，只有27%的人选择了便宜的产品。

而如果统一降价1美元，这个状况就会逆转。就会有31%的人买14美元的果仁夹心巧克力，69%的人要免费的普通巧克力。

在15美元和1美元的时候，人们为什么不选便宜的而选贵的呢？这是因为人们对15美元与1美元的情感是不同的，认为15美元是质量好的巧克力，而1美元是质量比较差的巧克力。这时选择15美元的巧克力是为了避免选1美元的巧克力给自己带来的风险——差的巧克力有可能会影响自己的健康。这时人们决策的核心是害怕失去健康。

而当统一降价1美元时，人们对14美元和免费的情感又是不同的，人们认为免费的东西不拿就是在失去。免费的东西放在那里，如果你不拿，就感觉是丢了东西，是失去了。所以商品在免费的情况下，会有更多人要。这就像网店促销的时候，"两件五折和第二件免费"人们总感觉后者力度更大，更能促进消费者购买，其实两种促销方案是一样的。就是因为人们认为免费的东西如果自己不积极地要，就等于自己正在失去东西。

我们一定要明白的是，每条信息大脑都会为其匹配上情感。信息中的这种情感决定着人们的偏好倾向。人们可以敏锐地捕捉到"15美元与1美元，以及14美元和免费"这两组信息中失去的可能。第一组是失去健康，第二组是失去本属于我的东西。人们最终对这两组选择的决策不同就是大脑自动规避"失"的意志在发挥

第二部分
理性锁：深度地将大脑锁住

作用。

其实，无论是拥有和失去，还是获得和损失，又或者是存活率和死亡率，心理学研究认为，它们并没有什么本质的区别，只是让人们感觉不同罢了。没有、失去、损失、死亡等负面词语，给人的情感更强烈。人们厌恶失去、损失、不能如愿等负面的可能，渴望得到、拥有、利益和好处等正面的可能。所以，增强信息中"失"的可能，可以有效增强人们对信息的情感，从而改变人们的判断和决策。

要想让受众选择你的产品，就要学会利用增强其负面情感的做法来影响人们的决策。美国加州大学的研究人员，假扮成电力公司的员工做了一项调查。他们告诉一组用户，通过采用能源节约技术，每天能节省50美分；而告诉另一组用户，如果不采用新技术，能源浪费会让他们每天损失50美分。结果愿意采用新技术节约用电的用户，后者比前者多出三倍。在这两种说法中，损失和收益是相同的，但是从损失的角度来进行说服，效果增强了三倍。这其中的区别就是后者制造了一个"失"的可能，让信息中的情感增强了。信息中明确指出，不采取行动你可能会失去原有的，人们最怕的就是不增反减。

3 联合强烈的感情因素影响决策

如果一个女孩不喜欢你，是因为你个头矮，那你是不是感觉自己完全没希望了呢？当然不是。只要你采用一些技巧，女孩的喜好倾向就会发生逆转。我们来看一个生活中非常形象的案例。小李刚失恋，闺蜜要为她介绍新男朋友。下面是她们的一段对话。

闺蜜："这次我给你介绍的这个男生挺帅的！"

小李："不见！"

闺蜜："他个子挺高的！"

小李："没兴趣！"

闺蜜："他长得挺有男人味的。"

小李："不见，没劲！"

闺蜜感觉有点惊讶："难不成你是同性恋？这么多年隐藏得够深啊。"

小李有点生气地说："才不是。"

这下可把闺蜜给难住了，但是她好像忽然明白了什么似的。她说："我给你介绍的这个男生，他爸是房地产商。"

听到这里，小李一下子就精神了："真的吗？他是个富二代啊！什么时候见，马上安排我们见面吧！"

第二部分
理性锁：深度地将大脑锁住

这个案例看到这里，你是否发现一个可笑的现象？对于同一个人来说，喜欢就是喜欢，不喜欢就是不喜欢。为什么采用不同的标准介绍同一个人，女孩对他的态度就会发生转变呢？虽然这个案例有调侃的意味，但是其中隐藏着一个改变他人行为和态度的逆转技巧。当你想要改变一个人的态度时，把单一因素评估转变为与其他因素联合评估，他人就会发生偏好逆转。

当你说一个男生帅的时候，如果女孩不喜欢，那你就可以采用案例中的方法，走出外貌因素，加入其他的因素，比如像案例中说到的男孩他爸的因素。这里举这个案例，只是为你提供一种思路。小李的闺蜜说男孩长得高、有男人味，这些条件都与帅属于同一类别，其中的差别不大。就比如有人问你喜欢苹果还是桃，你可能很难一下子说出答案。这两者都是水果，除非你有特别的偏好，不然很难分出高低。你可以吃苹果，也可以吃桃子，你对它们的喜好差别不大。也就是说，这两者之间的可替代性强，吃什么都一样。但要是问你喜欢苹果还是牛肉，可能就比较好回答了。这两者不属于同一类食物，没有可比性，不能互相替代。如果你喜欢吃牛肉，而不喜欢吃苹果，把两者捆绑在一起让你评估，问你是喜欢苹果还是喜欢苹果与牛肉，你就会选后者。因为牛肉不能被苹果替代。你不喜欢那个男孩，但是你喜欢钱，这两者互相不可替代，把它们放在一起，就会改变你对男孩的态度。这就是联合评估时发生了偏好逆转。利用联合评估改变他人的态度，要抓住一个关键点，即联合的因素是否容易彼此替代。如果容易被替代，联合评估发生逆转的可能性就很小。

比较早研究偏好逆转的心理学家戴尔·米勒和凯茜·麦克法兰设计了一个实验，他们让被试对一个枪击事件中的受害者进行赔偿评估。他们告诉被试，这个受害者是在一家便利店买东西的时候，被闯进来的劫匪开枪伤到的。在这种情况下，被试对伤者评估出的赔偿标准基本是一致的，他们只看到了一种情况，那就是用金钱来衡量受害者的伤情。但是在研究人员向被试描述了伤者的一些其他信息后，被试评估的赔付标准居然发生了变化。他们得知伤者不是经常来发生枪击事件的这家便利店买东西，那天去那里是因为他常去的那家店当天歇业了。看到这种情况后，被试认为伤者应该得到更多的赔偿。

同一个人，同样的伤情，在单一因素评估转变成与其他因素联合评估后，被试对赔付的判断和决策就发生了逆转。由单一的因素钱，变成了钱和光顾频率的因素，后者唤起了被试们心中的惋惜和懊悔感。他们认为他要是去了常去的那家店就好了，就不会遇上这种事情，所以被试认为应该给他更多的补偿。这里有一点要注意，被试认为他去常去的那家店就好了，这只是一种假设，因为当时另一家没有开门，根本就不存在这种可能。但就是这样一种假设，就增强了人们对评估的情感。情感的产生激起了被试的自我意志，即抗拒事实的意志，然后他们试图赔付给受害者更多钱，以此来平复心中的抵触情绪。值得强调的是，即便是假设的因素，在联合评估中也能发挥重要的作用。

第二部分
理性锁：深度地将大脑锁住

在联合评估中，联合因素的选择是非常有学问的。联合因素中的情感要强，因为联合就是为了增强情感。我们举例来看一下它的具体运用方法。比如有些人对蛋糕甜食情有独钟，看到蛋糕就走不动路了。要想阻止她吃蛋糕，你就可以借助以上的方法——联合其他对她来说具有强烈情感的因素来改变她，比如完美的身材。你可以让她看看身边那些身材苗条的人，或者想想公司某个身材苗条的同事是如何受大家喜欢，或者让她想象自己将要参加一个重要的会议，想象自己胖嘟嘟地出现在众目睽睽之中是什么样子等。当她单独对蛋糕做评估的时候，很容易确定要吃蛋糕。但是，蛋糕和完美身材相比较的时候，她就不得不犹豫一下，对于是否吃那块蛋糕重新做出决定，谁不喜欢完美身材呢？这时她对蛋糕的偏好就会发生逆转。这就是在单一评估变成联合评估的时候，情感增强了，人们的判断和决策发生了改变。

还比如有些保健品推销员在向你推荐产品的时候，说可以帮你增强免疫力、促进睡眠等，你一听就不喜欢。这时推销员是不会放弃的，他们会联合一些你在意的事情，来改变你对产品的态度。她会说："这款产品对五六十岁的人效果很好，你可以给你妈买一盒试试。"这样一来，你对这款保健品的喜好就会发生转变，因为你对妈妈的情感是强烈的。你希望妈妈身体健康睡眠好，所以购买的可能性就会大大增加。这其中联合的是能够增强其情感的因素，而不是一味停留在顾客自己身上，你可以扩散向顾客的家人和朋友等。对于这些对象，顾客会有不同的情感在其中。

　　理性锁是对信息更全面、整体地做出评估。人们在结合了更多因素后，认为自己做出了更好的决策。但是通过以上内容你会发现，所谓的更全面、更整体，其实还是在围绕情感兜圈子，还是在以情感为基础做决策。情感给了人们理性的假象和错觉。

第九章

理性锁加密原则二：意志增强

1　意志增强就是动力增强

　　大脑认为能够引起自身关注的就是重要的。比如你在大街上无意间注意到一个女孩，你为什么要关注她呢？那是因为她漂亮，她吸引了你注意。大脑会把更多的意志投入到引起自身关注的事情上来。人们投入其中的意志越多，大脑就会认为其价值越大。也就是你对在大街上关注到的那个女孩，投入的注意力越多，就说明她对你吸引力越大，价值越大。对大脑来说，关注本身就是信息。只要能引起我们注意的事情，都能让我们感觉很重要。情感是人们对事物好坏的简单判断。就比如看到那个女孩你感觉她好看。而意志就是情感产生时，靠近、得到、拥有或者回避、抗拒、逃离的想法。比如你认为那个女孩好看就想多看几眼，想要她的联系方式等想法。意志增强就是让信息对大脑的作用达到能够激起人们行为改变的程度。也就是你看到女孩时，她的样子（传达出的信息）刚好让你产生了想要多看几眼、靠近她、要联系方式等想法的程度。

在我女儿很小的时候，我经常陪她看动画片《小猪佩奇》。她看得很开心，可是里面有些情景总是让我感觉很纠结。只要这个情景一出现，就会让我产生一种强烈的冲动，想要去纠正它。这是哪一幕呢？小猪佩奇的家住在一个山坡上，他们每次开车回家，都会把车停在几乎笔直向上的斜坡上。这个画面让我看了，总感觉车会溜下山。我很想去帮它们把车停到平一点的地方。后来我问了一些家长，他们竟然也有和我一样的感受。虽然这是动画片，但它还是会刺激到你的神经，让你每次看到都会产生强烈的纠正冲动。这就是当一些事情没有按你的认知常规出现的时候，你产生了纠正它的冲动。车停在斜坡上的信息，激起了大脑想要纠正它的意志。而这种意志给了人们理性的错觉。当大脑有意识地把意志投入到某件事情中时，就证明大脑被上了理性锁。

神经学家在扫描观察被试大脑的时候，将一只脏手套或者一些能让人感觉不干净、不舒服的物品，放进被试的扫描仪中，让他们和这些物品待在一起，被试都很担忧自己是否会被污染。研究者通

第二部分
理性锁：深度地将大脑锁住

过观察发现，这些举动大大增加了患者眶额叶的活动。这说明这些物品激起了大脑的抗拒意志。我纠结小猪佩奇一家把车停在斜坡上这件事，就是因为我眶额叶的理性脑区被那个画面激活了，并且在不断增强改变和纠正它的动力。大脑被锁上理性锁，结果会怎样呢？它会促使你一定要做点什么来宣泄这种情绪，比如向朋友唠叨几句，或者发条弹幕指出这种不合理的情节。

研究发现，人们对某些事情考虑得越多，行为就会越偏激。这是人们的思维产生了定向渴望的结果。人们停留在大脑里，围绕一件事物不断地思考，就是眶额叶在不断地为它赋予新的意义，也就是在增强它的意义。在这个过程中，大脑会释放大量的多巴胺。多巴胺是人们产生动力的燃料。神经学家通过改变小白鼠的遗传基因，繁殖出的小白鼠患有先天性多巴胺缺失症。这只老鼠一生下来就不吃、不喝也不动，什么都不做。也就是说，这只老鼠没有任何欲望。后来研究人员为它注射了一种能够转变成多巴胺的药物。结果发现它可以像普通的老鼠一样又吃又喝，而且精力充沛。但是药效一过，它就会被打回原形，变成一只没有任何欲望的老鼠。所以，通过研究发现，多巴胺是人们行动的动力。大脑中多巴胺水平低的人，会情绪低落，什么也不想做。这和我们前面说的是一样的，唤起人们的负面情绪，人们就会什么都不想买。

当人们停在大脑里围绕一件事情思考的时候，就是在制造多巴胺。你想得越多，你大脑中的多巴胺就越多。那么结果会怎样呢？用不了多久，你就会付诸行动。就像看到《小猪佩奇》中车停在斜坡上的画面，我围绕这个情景思考不了多久，就会产生行动——我暂停播放，发了一条评论说："车这样停不会掉到山下吗？"又比如你很想念自己的女朋友，你停在想象你们在一起的美好情景中，想着想着你就会有要给她打电话、发微信的冲动，甚至是想要马上去找她。人们产生行动是意志增强的结果。这里需要强调一点——让大脑意志增强的是大脑在想象的时候释放出的多巴胺。多巴胺促使人们去追求目标和做出行动。而这其中，促使多巴胺大量释放的是细节——你想象中的细节。就比如我看到车停在斜坡上，会想到车从山上溜下去，四处没有一棵树，而车溜到山脚下的情景。比如你想到和女友一起在街角吃冰淇淋的时候，她用手轻轻帮你擦掉抹在嘴角的冰淇淋的情景。这些细节有效地促使你的大脑释放出多巴胺。前面我们也提到过细节的重要性。所以，突出细节是促进受众产生购买行为的有效方式。对细节的关注会突出奖赏的显著性和吸引力，从而使关注的对象占据你的大脑，散发出光芒。在这种情况下，大脑会不断地给你下指令：去做、去做。整个过程中，大脑都在不断地增强你行动的动机和推动力。

2 激起大脑补全的意志

杜克大学的研究者们曾做过一系列的实验，来研究人们的注意力。在其中一个实验中，他们让被试观看一个纪录片，并在中间插入一段饮料广告。一组被试看到的是完整的30秒广告，而另一组看到的是这段广告的快进版，只有3秒钟时间。结果发现，看了快进

第二部分
理性锁：深度地将大脑锁住

版广告的被试，并没有看清楚广告的内容，只是捕捉到了广告的几个片段信息。但是他们购买该饮料的意愿，却比看了完整版广告的被试要强烈得多。

日本的一项社会调查表明，2017年日本全国的口罩生产量超过了49亿个，相当于平均每个日本人有39个口罩。那么为什么大部分日本人都喜欢戴口罩呢？其中一个原因是他们认为戴口罩看上去更漂亮。

上面这两项调查研究的内容有一个共同的特点，就是信息的量受到了限制。不清楚的信息、碎片化的信息、部分的信息等，都是用户在接收信息时受到限制，没有接收到完整的信息。当信息受到限制的时候，信息的效果大大地增强了——购买饮料的意愿增强了，戴口罩让自己看上去更漂亮了。

东京立正大学的心理学教授内藤谊人表示，戴口罩可以在他人心中产生"理想化"的心理。因为人类的大脑会对看不到的部分进行自动补全。女性戴着口罩，把大部分脸都挡住了，只露出眼睛。大脑看到这种装扮，就会自动对这个人进行补全。而对一般人来说，眼睛部分是比较好看的，再加上一些化妆技术，就会显得更好看。只露一双漂亮的眼睛，在补全心理的作用下，大脑会认为戴口罩的人很漂亮。这是日本人爱戴口罩的一个原因。同样的，当一个人背对着你的时候，你听到他的声音，看到他的穿着，根据他谈论的内容，你也会在大脑中模拟出他可能的长相。

锁脑

当大脑关注到模糊的、碎片的、部分的信息时,想要理解它,就需要投入更多的精力。大脑会根据碎片和局部的信息,对其进行心理补全,即在大脑中完善信息,模拟事物可能的样子。对碎片和模糊的信息进行补全,是大脑的意志所在。大脑对碎片、模糊的信息进行补全,就是在对信息进行理解,理解了才知道信息说的是什么。

大脑在对信息进行补全的时候,会遵循思维的连贯性和一致性原则。如果看到一双漂亮的眼睛,大脑就会将这种情感扩散到面部的其他部分,从而构想出一张漂亮的脸。而在只看到饮料广告的片段信息时,被试会根据仅有的信息来补全广告可能要表达的意思。当然了,广告中的信息更多是美好正面的,大脑在模拟的过程中,更多的会根据这些正面的、充满激情的信息线索,补全一个关于饮料的美好故事。补全的过程就是大脑自我说服的一个过程。所以,看到快进广告的被试,购买广告商品的意愿,比看到完整广告的被试要强烈。看到完整广告之所以意愿不强烈,是因为大脑在被动接收信息时对广告信息的情感没有自我补全的对广告的情感强烈。这其中最重要的是模糊的、碎片的、局部的信息,激起了大脑的意志,促使大脑主动去构建、理解、模拟事物可能的样子。当大脑这样去做的时候,人们对信息的态度其实就已经发生了改变。人们就会认为它是重要的、有用的。

不单是投入的意志越多事情变得越重要,同样的,投入的意志

第二部分
理性锁：深度地将大脑锁住

越多人们对事物的记忆越深刻。有一项研究发现，让被试看一些广告，但是有几条广告会在距离结束五六秒前强制停止播放。看完广告后研究者让被试对广告的内容进行回忆，结果发现被试们对那些没有看完的广告记忆清晰，对其中的细节记得更清楚。在过了两个星期后，进一步追踪调查发现，那些没有看完的广告的细节记忆依旧清晰。这是因为人们在观看这些广告的时候，那些没有播完的广告，让大脑投入了更多的意志去理解这些广告。大脑投入的意志越多，人们的记忆就会越深刻。

大脑在注意到信息的时候，首先要做的就是直接确定信息是什么，认出它。这是大脑自动完成的。但是在当大脑注意到信息后，信息不能让大脑顺利地认出信息，这时大脑就会启动理性决策机制，投入更多的注意力来识别信息。所以、对大脑来说，模糊的、碎片的、局部的信息让大脑不能顺利地认出信息。大脑在接触到信息的时候就会卡在那里，从而要投入更多的努力和精力来有意识地处理信息。其实，这时大脑对认出信息的意志就已经增强了。投入的意志越多人们对信息的情感就会越强烈，信息就会变得越重要。

3 增强限制感

限制激起了人们的渴望

要想激起大脑的兴趣和意志，就要巧妙地在目标中加入限制。

没有限制的目标大脑是不会太感兴趣的。很多时候事物的价值是由限制感决定的。我们曾在一个自助餐厅做过一个小小的调查。我们从羊肉串、鸡肉串等五个品种中选出一款口味一般的鸡肉串，它不是很好吃，尝过一串就不想再吃第二串。我们在这款鸡肉串前放一个标牌，上面写着"每次只能拿四串"。结果发现，如果不放标牌顾客每次也就只拿一两串尝尝。如果放了标牌80%多的顾客第一次都拿了四串。拿了四串的顾客，其中的40%又去拿了第二次。这款鸡肉串在平时，顾客也就拿一两串尝尝，感觉口感不好就不会再吃。但在放了标牌期间，顾客对其喜爱程度大大地提升了。这就是限制提升了事物的价值。但是这其中的价值是人们受到限制的时候，产生的抗拒限制的意志制造的——"你不让多拿一定是好东西，成本太高怕顾客多吃，我偏要多拿，要不然对不起我那100元钱"。人们带着这种意志去吃比较难吃的鸡肉串的时候，会感觉它变好吃了，而且会渴望多吃。所有才会有40%的顾客第二次拿了鸡肉串。

但也不是只要有限制，人们就会感觉有价值。如果限制过大，人们也会放弃。如果限制不能伴随着过程而发生，也会让人们对目标失去兴趣。所以巧妙地激起人们的限制感，就变得非常重要。那么，我们该如何有效地激起人们的限制感呢？

超市推出一种促销活动，买够六种不同口味的酸奶，可以免费获赠一盒酸奶。一种买法是随便你怎么买，只要买够了六种口味就可以；而另一种买法是这六种口味的酸奶，必须要按照一定的顺序来购买，比如要先买柠檬味的、再买苹果味的等。这两种卖法，哪

第二部分
理性锁：深度地将大脑锁住

一种更吸引你呢？大部分想要参加这个活动的人，更喜欢让自己自由选择的那一种。但是，这些选择自由购买的参与者，能完成这次活动的人并不多。反而是选择了按照规定顺序购买的参与者，完成度更高。这是行为学家们做的一个实验。这个实验证明了，在完成目标的过程中，让人们持续感到适当的限制，是非常有必要的。就比如在实验中，让人们买完柠檬味的酸奶，再去买苹果味的酸奶，每一次购买都能体验到限制感，这会提升完成购买对人们的吸引力。如果是任由顾客自由购买这六种酸奶，人们就很容易放弃，不能完成整个购买过程。

这是为什么呢？行为学家们认为，这是因为按照顺序购买可以省掉顾客在每个环节不必要的决策。人们喜欢少做决策，而不是多做决策。这个解释还是比较有说服力的。但是我个人认为，还有一方面的原因能更好地解释人们为什么能够完成按顺序购买的活动。这是因为每一个环节人们都能感受到适度的限制。限制会让人们把注意力锁定在眼前的目标上，在目标上投入关注，会激起人们完成它的渴望，带着这种渴望去完成一个任务，人们就能感受到成就感和愉悦感。这成了人们完成任务的内在奖赏，每完成一个环节大脑都会对自己进行奖赏，从而促使人们一个环节一个环节买下去。这整个过程就是一个环环相扣的连锁反应。人们把注意力锁定在目标上后，目标激起了人们的渴望，渴望刺激大脑分泌出大量多巴胺，而多巴胺就是人们产生行动的动力，有了动力人们才能去完成一个目标，目标一旦实现下一个目标又摆在了面前，就这样循环下去。

适当的限制就像时刻伴随的挑战，在不断地激起人们继续做下去的渴望。

当活动规则变得简单，取消购买顺序的限制，人们可以任意购买的时候，人们会把关注点固定在完成的结果上，这样人们对整个购买环节的兴趣就会削弱。如果说在购买的过程中体验不到成就感和愉悦感，整个过程就会成为一种负担，人们就很容易放弃。这就像玩游戏一样，人们之所以会沉迷其中，就是因为游戏中的每一个环节都能让人体验到限制和挑战，人们都需要通过适当的努力才能完成任务，完成任务后人们才会有一种愉悦感和成就感。

限制可以促进用户深度体验

你可以设想一下，要想让一头没有拴绳子的牛乖乖地跟你走该怎么做。当然你硬来肯定是搞不定它的。最简单轻松的办法，就是你拿一把草放在它面前，让它吃一口，你往前走几步，再让它吃一口，你再走几步。这样它就会老老实实地跟着你。那么，还是你手中的这把草，如果你一次性投给牛，你认为它吃完了会乖乖跟你走吗？那是不可能的。这其中发挥了重要作用的就是限制感。正是适当地限制了一次性获得，才使牛会跟着你走。商家只要明白了这个小小的道理，就可以利用限制感解决一个大难题——引导消费者进行深度体验，使用和发现产品的好。

用支付宝消费可以获得奖励金，它的设计充分发挥了限制感对人们的影响。它的限制感设计模式，让用户深入地体验和使用了产

第二部分
理性锁：深度地将大脑锁住

品，从而让人们与支付宝建立起深层次的情感。因为深度体验需要投入更多的意志，而投入更多的意志就会产生更强的情感。这也是在客户端支付宝的使用人群一度多于微信的原因。那么，支付宝是怎么做的呢？

当你用支付宝扫码付款后，系统会提示你领取一份奖励金。但是这份奖励金不会一次性给你。你领完奖励金后，系统会提示你去让奖励金翻倍，只有点击后奖励金才会变成双倍。我领过很多次，通常都是一两角，翻倍后顶多是四角钱。那么它为什么不把奖励机制设计得简便快捷一些呢？它设计得这么复杂，就是为了限制你一次性简单省事地拿到奖励金。你想要拿到更多奖励金，就需要投入更多的努力。这样能促使你深度参与到产品的使用中。在奖励金的领取上还有一层限制——只能在周日到周四消费后才能领取，而且每天只可以领一次。也就是说，领取四角钱，系统会给你设置不少于四层的限制。

你认为领完奖励金就可以痛痛快快地花了吗？不会。在你花奖励金的时候，系统也是有限制的——只能在周五和周六消费时才能花掉奖励金，而且你这两天不花奖励金，它就清零了。你的每一步操作都伴随着限制，每一层限制都是在提升这四角钱的价值，都是在提升支付宝的价值。这么多的规则和限制都是为了让用户投入更多的关注和意志。前面我们看到只有让用户投入更多的意志和关注，产品才会更有价值。因为在人们的心中，自我的意志和情感才是最有价值的东西。产品做得再好再全面，人们的意志没有入驻其中，那它也是一文不值的。有一天我打开微博，无意间翻了翻其中的功能，发现微博的功能十分强大，但我只用到了其中不到10%的功能。我从来没有深度体验过其他功能。我经常使用微博，对于它的功能都如此不熟悉，估计其他的用户也差不多。那么开发者设计这个功能强大的产品的意义和价值在哪呢？

设置使用产品的操作步骤和顺序、限制使用时间，都能给人们带来限制感。除此之外，在很多方面都可以通过设置限制激起人们抗拒的意志。就拿产品包装来说，你认为大包装和小包装的产品，哪个更能对人们造成限制呢？当然是小包装了。当人们想吃什么的时候，一定渴望一次吃个够，谁也不希望这个时候有限制存在。而小包装的零食，限制了人们对食物一次性满足的欲望。这时你吃完一包就会想要再吃一包。这样一来，伴随着吃的包数的增加，你对零食的渴望也增加了。这其中的渴望很多不是对零食本身的渴望，而更多的是渴望本身。渴望会放大吃零食时的体验，让零食变得更好吃。限制提升了人们对零食的美好体验，这才是最重要的。在产品的营销过程中，让消费者在获得产品或者使用产品的时候，适当地体验限制感，不但能让产品更有价值，也会让产品更具吸引力。

用限制感吸引用户的注意力有两个要点。一是要有持续吸引用户关注的目标。这就需要把一个目标拆分成若干个小目标。一个小目标实现，另一个小目标马上出现。这其中重要的是目标已经生成，你不需要对目标进行选择，只有做与不做的选择，就比如很多人爱玩的"跳一跳"小游戏，你每跳到一个方块上，下一个方块就会马

第二部分
理性锁：深度地将大脑锁住

上生成。这样避免了人们注意力的涣散，让注意力有个连续的关注点。目标就在你的眼前，你只有跳与不跳的选择，没有往哪儿跳的选择。吸引用户注意力的第二个要点，是目标不能太大，也不能太小，更不能一次性获得。这个环节要让用户感到完成任务很简单，成功触手可及。

简单的、能够轻松实现的目标，会让人们认为事情可行、可操作，会激起人们的积极性。这其中你一定要明白的是，很多时候人们并不在意目标是什么，重点在于限制是否激起了人们跟随目标的意志。人们愿意追随的是自我意志本身，而不是事实。

4 从背景中分离出来的方法

大脑会特别关注那些显著的、与众不同的信息。能够成为让受众关注的对象，从众多竞品中脱颖而出，就能成功捕获受众大脑的关注，就能让大脑投入更多的意志参与其中。要想做到这一点，我们就必须要掌握一种能力——让对象从背景中分离出来。

美国西北大学的研究者们曾做过一项研究。他们向被试介绍了两款沙发，比如一个是梦乡牌的，一个是舒适牌的。这两款沙发品质都不错，只是略有一点差别——梦乡牌的沙发垫子更软一些，但不是很耐磨。在这样差别不大的状况下，他们让被试从中选择一款。结果，有58%的被试选择了梦乡牌，42%的被试选择了舒适牌。在这种情况下，该如何大大提升其中一个品牌的吸引力，让被试更多选择这个品牌呢？（假设要让用户更喜欢梦乡牌沙发。）

研究人员在向另外一组被试介绍这两款沙发的时候，增加了三款类似品质的沙发。这三款沙发和舒适牌沙发一样都有比较硬的垫子。结果发现，在这种情况下，喜欢梦乡牌沙发的被试一下子提高到了77%。这是因为四款硬度相同的沙发，让区别于它们的梦乡牌沙发突显了出来。也就是说，这四款沙发成了梦乡牌沙发的背景，衬托出了梦乡牌沙发，让它区别于其他产品，吸引了人们更多的关注。我们曾经说过，关注就是价值。

另外，让其他的产品变得同质化，可以突显出与其存在差异的产品的价值。这是因为相似的产品放在一起会削弱彼此的价值和吸引力。人们对相似产品的情感，远远低于独特的产品。人们认为相似、相同的产品没有个性，不需要投入更多的资源就可以创造出来。而相反的，存在差异的产品，有其独特的个性，需要投入更多资源才能创造出来。所以，同质化其他产品，就可以让它们成为背景，突显出存在差异的产品。

几年前我在网上买了一个电饭锅，选锅的过程我到现在还记得。我在网上商城输入"电饭锅"，一搜就出现了一大堆产品，不同品牌的、不同功能的、不同特色的等。看到这么多的搜索结果，我没有喜悦，只有焦虑，不知道该选哪一种好。单就功能来说，不同的商品之间实在是大同小异，没有什么特别的地方。最终促使我做出选

第二部分
理性锁：深度地将大脑锁住

择的，是一款比较特别的电饭锅。它的出现，让其他电饭锅瞬间失去了吸引力，也让我不再在乎功能全不全的问题了。它到底有什么独特之处呢？这款电饭锅的内胆是半圆形的，而其他锅的内胆是直筒平底的。产品介绍说，我们传统做饭用的铁锅都是圆底的，这样锅底受到的热量可以顺着椭圆形的锅壁进行良好的循环，做出来的饭更好吃。椭圆形的内胆让那些直桶式的内胆瞬间就成了背景，引起了我的关注，让我认为它是不一样的、有价值的。利用其他同质化的信息突出主体，是让信息变得有吸引力和有价值的方法之一。这样可以增强人们获得产品的意志。

另外一个让主体从背景中分离出来的方法，就是让主体动起来。2017年当当网的图书页面忽然注入了一股"活力"，你会发现有些图书的产品图片动了起来。我每次打开网页，都会被那些动态图片所吸引，会情不自禁地想要点开看看。这样一来，那些静态的图书图片就成了动图的背景。动图优先抢走了用户的注意力。用户的关注就是价值，事实也证明那些优先做了动图的书，销量真的提升了。因为它抓取了用户更多的注意力。但是当大家都采用这种方式去抓取用户注意力的时候，动图的优势就会被削弱。不单是图书图片动与静的区别，在图书的介绍页中制造出差异，让自己的产品页区别于其他的产品，也能获得人们对产品的特别关注。

相关专家通过对上千条广告进行研究发现，广告中使用的元素越多，广告的效果越差。现在我们先来回答一个问题——我们为什么会不由自主地把事情复杂化。广告的设计也是这样的，我们为什么总是试图将各种元素放进广告中呢？根本原因在于人们普遍存在表达焦虑。表达焦虑就是人们在表达和呈现自己的想法或观点的时候，有一种害怕说错、害怕说不清、害怕说不全、害怕说得没有吸引力的顾虑心理。这种表达性的焦虑，使得人们在表达上多了很多累赘。在这种心理作用下，人们会试图把自己想到的、意识到的都表达出来、呈现出来，以此来消除自己的焦虑。

信息中呈现的每个元素都是带有情感的，如果为了提升吸引力将多个相似的元素放在一起，情感的强度势必会互相抵消。结果就是一堆信息构建了一个混乱的背景，却没有主体。如果有选择性地突出主要信息，说服力就会增强，就会促使人们投入更多的意志。我看过很多花哨的广告，视觉冲击力很强，但是这样的效果很有可能会削弱广告的情感，眼瘾过后，人们的大脑中留不下任何痕迹。这就是各个元素的情感被互相削弱了，主体没有从背景中突显出来的结果。用户的注意力不知道该更多地分给谁。你可以再回头去看看前面直觉锁中关于少而显著的内容，利用其中的技巧，把信息设计得少而显著。

第十章
理性锁加密原则三:时间优化

1 借助时间来优化你的目标

大脑是一个时间机器,它做出的大部分决策和判断都是指向未来的。没有时间的概念,你的大脑就会停止做出长远的决策,只对眼前的事物做出直接反应。就比如前额叶不发达的哺乳类动物,在捕食猎物时不会为明天着想,不会将剩下的猎物藏起来等着明天食用。而额叶发达的人类,大脑更多地会为明天甚至是更长远的未来着想。人类大脑的眶额叶,通过对信息进行整体评估,来预见和预期事物未来可能的样子。眶额叶能够预测事物带给自己的感受是失望还是惊喜，是愉快还是无聊，是好还是坏……大脑所做的大部分努力都指向未来，而理性很多时候会指向更长远的未来。锁脑是让人们对信息做出确定的判断，有目的地影响人们下一刻或者未来的行为。其实，人们的理性最终都指向未来，想要掌控未来。

社会学家和心理学家通过研究发现，在人们心中"不远的明天"和"遥远的未来"的感觉是不一样的。心理学家认为："人们想到不远明天的事情，会想得更加具体；对于较远未来的事情会想得更抽象。"我认为之所以有这样的现象，最根本的原因是时间对人们来说是有情感的。今天、明天、一个月后、一年后，这给了人们不同的感觉。这就像人们看到红色或者听到愉悦的声音，会产生一种细微的情感反应一样。当我们听到立刻、马上、现在的时候，会产生一种紧张感和压迫感。这时人们会自觉自动地从背景中寻找线索，来解释自己感受到的紧迫感。就比如你想到明天要上台做一个演讲，就会感觉很紧迫。你会想到自己的头发还没做，衣服还没有选好穿哪一件等。紧迫感会促使人们对自己的这种感觉寻找原因，结果即便是搜索到了鸡毛蒜皮的小事，也都会成为人们感到紧迫的原因。这就是人们想到较近的明天时，会把事情想得很具体的原因。而如果时间是未来三个月后或者三年后，人们就不会有这样紧迫的感觉。没有强烈感觉的驱使，大脑也不会有去寻找原因的行为。所以，人们想到遥远的未来，并不会想得太具体，而是会比较模糊和抽象。

那么，你想要改变人们的某种行为或态度，就可以借助人们对

第二部分
理性锁：深度地将大脑锁住

时间的感觉来影响他们的决策。就比如新款的 iPhone 决定要涨价了，如果在新款 iPhone 推出的时候直接涨价，人们更可能对涨价产生抵触心理。这样一来会大大影响手机的销量。那么如何让用户坦然接受涨价这一事实呢？这个棘手的问题可以通过时间优化来解决。在新 iPhone 推出前的半年或者前几个月，就曝出 iPhone 要涨价的消息，让涨价这一事实发生在未来而不是眼下，人们就会更容易接受涨价。行为科学家托德·罗杰斯与马克斯·巴泽曼认为，想要让人们接受某个改变，不要让他们立刻做出改变，而是让他们在未来的某个时间段做出改变，人们就会愿意接受改变。

在用户知道涨价这一信息时，并没有发生真正涨价的事实，而是在未来才会涨价。这样一来人们就可以接受涨价。这其中有三方面的原因。一个方面是，在用户接收到涨价的信息时会产生抵触心理，但是在涨价的事实发生前，人们没有宣泄的对象。如果在推出 iPhone 新品时直接涨价，人们抵触心理的宣泄方式就是拒绝购买。商家说要涨价，当下却没有涨价的事实，让用户的抵触情绪没有释放的对象。这样避免了用户和商家的正面冲突。

第二个方面是，在遥远的未来，人们的各种意愿都不清晰，所以情感也不强烈。即便要涨价，用户也会感觉与自己没有多大的关系，自己还说不定买不买呢。而如果是一推出新品就涨价呢？这种近在眼前的事实，给用户的感觉是商家在试图剥夺自己购买的权利。越近的眼下与自我的相关性就越强，而越远的未来与自我的相关性就越弱。

第三个也是很重要的方面是，在半年的时间里，随着各大媒体对"涨价"这件事情的曝光，用户对涨价已经产生了适应性，做好了充足的准备接受这种假设。真的到了涨价的时候，用户已经麻木了，所以会比较容易接受。这是借助现在对遥远的未来发生的事情进行优化的方法。这其中真正发挥作用的，是时间改变了人们对涨价的感觉。

其实，借助时间优化来改变人们对事物态度的例子有很多。我记得北京地铁涨价的时候，先是经过了半年到一年多的意见征集和社会调查，才最终落实。这样做就是希望通过时间的优化来促使更多人接受涨价这件事。如果政策一经宣布就立马实施，正好撞上人们的抵触情绪，势必会有很多人反对涨价。从宣布到涨价，经过一段时间后，人们的这种抵触情绪会慢慢消解。当真正的方案推出的时候，通过对涨价假设的适应，人们已经适应了涨价这件事，已经在内心深处接受了涨价，也就不再像之前那样抗拒涨价。这就像每天喊着狼来了，狼却一直没有来，结果你就对狼来了这种假设产生了适应，等狼真的来了，你反而变得没感觉了。

相反的，你也可以借助较远的未来，对较近的明天或现在进行优化。在微信里经常会有微商发信息提示你某产品将于一周或者半个月后涨价，请尽快出手。然后他们会定时给你发微信，提示你距离涨价还有一周了、还剩两天了、只剩最后两小时了。这就是借助较远的未来为眼下制造紧迫感，来实现销售目的。当然，这其中的

第二部分
理性锁：深度地将大脑锁住

效果如何，要看商家卖的产品怎么样，以及他们的信息编辑水平如何，并不是只要做了时间上的优化，就能促进销售。

2 3 +7 =美好未来

我曾经做过一期节目，介绍求职简历应该怎么写。其中谈到了一个重要的问题——面试官更看重的是一个人的经验还是潜质。换句话说就是他看重的是一个人的过去、现在还是未来。

我们可以借助《点球成金》这部影片来探讨一下这个话题。《点球成金》这部影片讲述了美国奥克兰运动家棒球队，利用数据统计学选拔球员并最终获胜的真实案例。影片里有这样一个情景，老球探们围在一起开会，他们正在用传统的方式选拔球员。

一个球探说："他不错，个头大、身体强壮、有天赋，而且轮廓鲜明，长得也不错。"

另一个人附和道："是的，他的下巴很有型，是全能型的选手。"

有人问："这个相貌好的球员击打能力如何呢？"

一个满头白发的老人说："他击打动作不错。球被他碰到就一下子弹出去老远，球场外都能听到击球的声音。"

男主角比利就问他们："既然他那么厉害，那他的击球能力为什么不强?"

有人接着说:"他只是需要时间。"

……

这就是这些球探选拔球员的传统方式,看上去好像是在谈论八卦新闻。用几百万美元年薪签约一个球员,只是根据个头大小、强壮程度、好看与否、下巴是否有形等这些似乎有点荒谬的因素来判断其潜质。听到这些,奥克兰运动家棒球队的总经理比利感觉这些球探挑选球员的方式实在是不着调,都没有说到问题的点上。他更关心的是球员的"击球率",击球率高的球员身价都比较高,而球队目前最大的问题是经费紧缺。关键是,事实并没有证实签那些击球率高的球员,球队就必定能获得好成绩。

后来,比利感觉只有颠覆 100 多年来一直依赖的这套传统的球员选拔方式,才能改变球队的命运。他采用一种依靠计算机程序和数学模型分析比赛数据的方法,来选拔球员。这种选拔方式更关心的是球员的"上垒率"。他采用这套系统分析了诸多球员的数据,最终筛选出了几个购买费用不高,却极具潜力的球员。但是那些老球探并不看好这些球员。在他们眼里,这些球员几乎是毫无价值的。比利在一片批评和质疑中,坚持采用"赛伯计量学"指导球队运作。最终他带领这支球队,在 2002 年美国联盟西部赛中夺得了冠军,还取得了 20 场连胜的战绩。从此,统计学家取代球探成为棒球专家。很多球队也开始采用"赛伯计量学"指导球队运作。

第二部分
理性锁：深度地将大脑锁住

看完这段球员的选拔方式的介绍，你有没有发现不管是传统模式还是数据分析模式，都是在做同一件事情——对一个人未来的潜质做预测。不管用什么模式，都是在评估这些运动员的未来。同样的，无论是一个人、一只股票，还是一个产品，当下人们对它的判断都是指向未来的，都是对它们未来的可能性进行判断。相比过去和现在，未来对人们的吸引力更大。

心理学家通过研究发现，潜质比现实更具吸引力。这其中的原因是潜质代表了未来，而对我们来说，不确定的未来更具吸引力，因为那里有变得更好、获得更多、成为更大的空间和可能。而所有确定的、既定的、一眼见底的东西都毫无吸引力。我在《成瘾：如何设计让人上瘾的产品、品牌和观念》这本书中系统地阐述了这个观点：人们时刻都在抗拒真实的、有局限的自己，这也是在抗拒现实，而抗拒现实的动力来自人们认为未来会更好的心理。

让他人看到你的潜质，还不算最有说服力。因为每个人都可能会自吹自擂，而且有些人是特别善于想象而不太善于行动和执行的。要想让你的未来实现最优化，还有非常重要的一点——不能脱离现实对自己的未来进行优化。我们可以看到那些老球探的传统挑选方法，以击球率为线索来对球员的未来进行优化，这种优化模式并不符合球队当前的境况。这对球队来说并不是最佳的选拔球员的模式。而后来比利采用的上垒率才真正符合球队目前的境况，才能为球队创造美好未来。

这里我们不难看出，对未来的最佳优化模式是，现状与未来高度的匹配。球队资金紧张和传统选拔方式存在的瓶颈，符合这种现状的选拔模式就是采用新的标准"上垒率"。当然比利采用这样的选拔模式也是因为他看到了抓住现有线索就能通向未来的必然性。在决策中，人们捕捉的就是这种由过去和现实的线索通向美好未来的必然性。

心理学家在对猴子的大脑进行扫描时发现，当猴子看到绿灯亮起，预测到未来可能有果汁可以喝的时候，大脑的多巴胺被激活了。猴子看到绿灯释放多巴胺，是因为之前它在看到绿灯亮起时，管子里流出了果汁。根据过去的经验，猴子在绿灯和果汁之间建立了关联。以后猴子只要看到绿灯就会兴奋，这就说明它知道了这意味着有好事发生。线索与好事联系在一起产生了必然的可能性。这样大脑才会释放多巴胺，促进人们产生积极的行动。

所以，在面试中你要想把自己推销出去，要能让他人相信你有潜质。那就需要你将过去和现实的那些线索与职位高度匹配起来。如果你应聘的是创意设计的职位，那你就要展示自己在设计方面所掌握的技能，比如手绘的能力、色彩运用的能力等。这些能力的展示让他人可以看到借助你的这种能力通向一个不一样的美好的未来的必然性。而不是说一些"自己做事严谨，能够稳扎稳打，能与同事融洽相处"之类的不能与职位相匹配、不能通向美好未来的线索。

第二部分
理性锁：深度地将大脑锁住

一个人也好，一个产品也好，一只股票也好，要想让人们感觉到其真实的美好前景，信息中美好未来与现实的比例应该是 7 比 3，甚至是 8 比 2。人们看重的当然是未来，但是要想让人们相信你有未来，或者相信用了某产品会有美好的未来，就需要适当地用过去的和现实的因素进行催化，制造一个现有线索通向美好未来的必然性。

3　引发决策焦虑改变偏好

你认为自己真的知道自己需要什么吗？其实不然。人们容易受到感觉的影响，从而改变自己的偏好，就比如紧迫感。只要在人们做选择和决策的时候，给人制造一点紧迫感，人们的偏好就会发生改变。

我们来看一项研究，研究者向被试展示两款相机的 12 种功能，并让他们从中选出自己喜欢的。一款相机的 3 种核心功能优势突出，比如镜头的质量、成像技术和照片的像素都很高；另一款相机有 8 种功能比较明显，但是这 8 种功能都是无关紧要的，比如内存卡稍大一些，赠送一个镜头盖等。

研究者们把被试分成三组来展示这 12 种功能。第一组被试每种功能只看了 2 秒，结果大部分人都选择了有 8 项无关紧要优点的相机，只有 17% 的人选择了具有核心优势的相机。如果把展示的时间稍作延长，会出现什么情况呢？他们让第二组的被试每项功能看了 5

秒，结果依旧有38%的被试选择没有绝对优势的相机。那么如果把时间限制取消掉，会不会发生变化呢？于是，研究人员让第三组被试无时间限制地评估各项功能。这时人们的偏好神奇地发生了逆转，选择有绝对优势相机的被试比率提升到了67%。

这个实验表明，压缩时间给人们制造的紧迫感，会让人们失去理性凭直觉做出选择。实验不断调整被试评估各项功能的时间，使得他们的偏好发生改变。从理性的角度来看，购买一款相机应该更看重它的核心功能，比如镜头的质量和像素的大小等。但是通过压缩时间，使得人们越来越不看重这些功能，而是更倾向于凭直觉去选择。那么我们就要搞明白，当人们凭直觉做决策的时候会出现什么现象，以及人们凭直觉选择的模式是怎样的。当人们凭直觉对信息进行评估的时候，更注重表面的选项。人的直觉普遍认为多的、大的就是更有价值的。直觉会让人们更注重表面的东西，所以大部分被试在短时间内都选择优点多的，赠送东西多的，或者是便宜的。

更重要的是，紧迫感会放大人们的感觉，让人们对评估产生焦虑。这种感觉促使人们启动直觉评估模式。当选择的焦虑感被放大的时候，人们决策的目的就会发生改变。这时人们的选择就不再是单纯地针对自己的真实需求了，而是企图通过选择来消除自己的焦虑心理。也就是说，这时人们的决策解决的是感觉的问题，而不是需求的问题。所以说压缩时间扭曲了人们决策的动机，促使人们做出了错误的选择。

第二部分
理性锁：深度地将大脑锁住

在《一个购物狂的自白》这部电影中，一个商场大促销，丽贝卡看中一双鞋子，犹豫再三，她的理智终于战胜了冲动。她认为自己不能再买鞋子了，自己有无数双鞋子，而且信用卡也快刷爆了……所以，她决定不买了。这是在没有时间限制、没有选择焦虑的情况下，丽贝卡做出的理性决策。但是只要加入紧迫感的因素，这种偏好和理性就会被瞬间打破。电影中丽贝卡正要扭头走人的时候，一个女人跑过来一把抓住了那双鞋子。丽贝卡见状也猛地伸手抓住了鞋子。结果是两个人抱着一双鞋拉扯了起来。丽贝卡最终还是如愿以偿地把鞋子买回了家。回家后，她看着自己拼命抢回来的鞋子万分沮丧，感觉自己就像疯了一样。

这就是别人也盯上那双鞋子的时候，引发了丽贝卡的决策焦虑。这让丽贝卡感觉到，如果自己不出手，将会马上失去选择的权利和机会。"马上失去"激活了她的决策焦虑。丽贝卡和那个女士抢鞋，就是在解决自己心中的焦虑感，而不是因为自己真的需要这双鞋。

聪明的商家很善于借助顾客的决策焦虑来销售产品。一些经营男士护肤品的商家，喜欢组合销售套装产品。就比如把爽肤水、面膜、洁面乳等不同的产品组合成一个套装去销售。如果你留意一下就会发现，这些套装产品卖得都还不错。这就是因为，人们在买东西的时候，都会产生决策焦虑心理。人们选来选去拿不定主意，很容易感到焦虑。这时人们的决策不单单是在解决自己的需求问题，同时也是在解决自己的焦虑问题。人们喜欢选择不同产品组合在一起的套装产品，是因为组合套装的单品价格相对较低，而且包含的产品样数多，能很好地避免买贵了或者选错了的问题。这就是唤起了人们的决策焦虑后，人们会选择一个数量多的选项的原因。

我们一定要明白，现如今人们的需求看上去比海深、比天高，但其实都是商家通过改变你对信息的情感，改变了你的行为的动机和目的，让你的大部分消费行为更多是为了平复和解除自我感觉本身的问题，而不是为了满足自己的真实需求。

4 解除未来负面的可能

为什么一到中午12点，你就算不饿也还是要去吃饭？为什么早上一起来，你就算不困，却还是需要来杯咖啡？你思考过这些问题吗？原因很简单，就是因为你知道一会儿肯定会饿、肯定会犯困。

这都是因为你能预知自己的状态，试图将可能饿和困的问题提前解决。换句话说，就是你在借助当下的行为优化自己的未来。这其中有一种过往经验的记忆和指向未来的发生的可能性。经验与未来可能的混合，让这种可能性变成了一种必然的可能性。你对一会儿会饿、会困的绝对预测，让大脑产生了多巴胺，促使你积极地行动，来避免未来必然会发生的事情。

人们的感觉更多指向未来，于是都希望通过当下的努力去规避未来的风险。所以，让人们在当下看到、想到、触摸到未来可能发生对自己不利的事情，就可以促使人们在当下积极地做出改变。

第二部分
理性锁：深度地将大脑锁住

纽约大学的心理学家哈尔·厄斯纳－郝什匪尔德和克里斯托德·布雷恩通过研究发现，如果信息能够触动人们对"未来自己"的责任感，就可以说服他们去做一些有利于自己的长远行为。就比如让一组被试看自己的近照，而让另一组被试看电脑生成的自己70岁左右的照片，然后让他们分别说出愿意为自己的退休基金存入多少钱。结果发现，后者愿意存入的钱明显比前者高出很多。这仅仅是让人们想到自己年老后的样子，所产生的行为差异。这其中发挥作用的是对年老的自己产生的一种无助和无力感。被试感受到了自己不可能一直年轻，不可能一直有充沛的精力去挣钱，因此体验到了强烈的无力感，从而试图通过当下的行为，来减轻这种感觉，防止未来可能出现在自己身上的负面可能。

看到年老后的自己之所以能产生这样的效果，是因为人们对自我存在有正向偏见。简单的理解就是，人们认为自己未来的一切都会变得更好。在自我锁中，我们会深入说到正向偏见。正是人们对自我的这种正向偏见的意志，使人们对自己未来的负面可能不自知。看到和真正感受到自己衰老的样子，打破了人们的固有偏见。对自己未来的无力感，促使人们想要对未来的状态进行补偿，所以人们的行为会发生改变。

让人们看到自己未来可能的样子，可以改变人们的行为。例如要想让一个人改掉吸烟的坏习惯，有一个比较有效的办法——让他们看吸烟的人肺是什么样子。把吸烟5年、10年、20年的人的肺给吸烟者看，会促使他们对自己吸烟的习惯做出改变。国外的一些烟盒上印有让人们看了很不舒服的图片，比如尸体、黑乎乎的肺、骷髅等。这是在暗示，如果你继续吸下去，后果会很严重。这是在让用户看到这种糟糕的状况时，马上切断自己与这种状况紧密相关的行为——吸烟。这虽然有一定的效果，但是在那些老烟枪看来，这样的暗示远远无法与自己的烟瘾相比，完全不足以让他们产生鲜明的情感波折。更重要的是，吸烟像温水煮蛙一样，抽一根没事，两根也没事，一根根的都没事，这种试探性的行为会解除人们心中负面的可能性，从而任由自己吸下去。那么如何让这些老烟枪有效戒烟呢？还是要增强戒烟的情感。

我曾看到这样一幕：一个三四岁的小男孩对正在抽烟的爷爷说："爷爷，烟里有毒，别吸了。"你认为视烟如命的爷爷会怎么说？爷爷说："那就毒死我算了吧。"虽然这其中有开玩笑的成分，但是对那些吸烟上瘾的人来说，没有烟就像要了自己的命，所以这时即便让他们感受到未来可能的样子，他们也不会产生强烈的自责感。关键是，说爷爷"你会生病的"，他是没有什么感觉的。因为他一直在吸，也没有什么不好。

而换一种角度去说，也许就能促使他们戒烟。如果孙子这样说："爷爷，烟里有毒，我会生病的。"这时爷爷会怎么说？爷爷不太可能说："毒死你算了吧。"当爷爷听到"我会生病"这样的话时，心中的自责感就会涌起，他会意识到自己的行为可能会影响到自己至亲至爱的人，这时就激起了爷爷更强烈的罪恶感。他的行为就会更

第二部分
理性锁：深度地将大脑锁住

有可能发生改变。

所以，如果在烟盒上印上孩子表情痛苦的照片，或者被他人排斥的照片，是不是更能激起吸烟者强烈的情感呢？这样可以让吸烟者意识到自己的行为如果持续下去，可能会导致被他人排斥和远离。神经学家通过实验发现，在人们最害怕的事情中，排在前三位的就有受到他人的排斥、嫌弃和挤兑。这种心理上的痛苦激活了身体感到疼痛时才会激活的脑区，是一种真实的痛。前面我们说到过，"失"的情感对人们的影响大于"得"，所以失去他人的认同和喜欢，对人们来说也是一种非常强烈的情感。

不管你是让受众感受到未来好的一面还是坏的一面，要想对受众的行为产生影响，就需要遵循一个原则——信息必须能够启动人们某种强烈的情感。当你预测到一种强烈的感觉能够与一种事物建立必然的关系，你就能改变他人的行为，这就是产品营销的最高境界。

5 没有未来的未来

人们在追随某一事物的时候，一定是认为它可以满足自我意志和情感的需求，或者是发现了其中的价值和意义，但是时间会证实人们对事物的期待是否会实现。当时间证明一个事物不能给自己带来好处的时候，大脑就会开始怀疑那些自己坚信不疑的东西。你的产品、品牌和观点就会失去吸引人的魅力。这时你该如何通过时间优化，来对受众的大脑进行深度影响呢？

在《华尔街之狼》这部电影中，华尔街的老手哈纳对刚入华尔街的乔丹·贝尔福特说："华尔街第一要义是，无论是沃伦·巴菲特还是吉米·巴菲特，没有人知道股价是跌还是涨，股票经纪人更不知道。这些都是飘忽不定的、摸不着看不见的，元素周期表上找不到的……我们什么也不创造。所以假设你有一个客户花8元买了一只股票，现在涨到了16元，他乐开了花，想清算兑现，拿钱走人。这可不行，那样的话股票就成了真钱。那该怎么办？你得给他继续找金子，给他们提供额外的想法，制造另外一种发财的可能。让他们拿收益再投另外一只股票，就这样不断地投。他一定每一次都会投，因为他们都是瘾君子。你就这么一直做，无休无止。这时他们认为自己是土豪了，理论上他们也真的是赚了。我们这些经纪人，从中收的佣金可就是实实在在的现金了。"

这段话告诉我们一个真相，要想不断地牵制他人，就需要不断地提供美好的可能。我在《成瘾：如何设计让人上瘾的产品、品牌和观念》一书中也重点阐述了这一点，人们要的是更多、更好、更大，而不是具体的东西。电影中的这段话，让我想到一个投资金融P2P的朋友。起初他也很担心会被套牢，所以只投了1万元试试看。但是随着时间的推移，他实在是抗拒不了巨大收益的诱惑，结果越玩越大。巨大的诱惑促使他从各个渠道借钱往里面投，身边很多人都劝他早点脱身，但是面对着那个平台不断提供的更大、更多的回

第二部分
理性锁：深度地将大脑锁住

报，他根本停不下来，摆脱不了自己的贪婪。最终的结局是平台倒闭，他血本无归。这样的例子不是少数。

无论你是做品牌还是做产品，一旦你与消费者建立了联系，就需要不断地对前景进行优化，也就是要不断地为他们开启更美好的未来和可能。因为人们会对一种感觉产生适应性，一旦适应就会对目标失去兴趣，离你而去。也就是说，任何一个具有持续吸引力的目标，都是对未来不断优化的结果。就比如苹果之所以能有持续的吸引力，是因为他们在不断创新。他们在不断地推出新款式、新产品和新技术，也就是在对公司和用户的前景不断地进行优化。用户永远要的是更多、更大。用户能够感到更多、更大就在未来，才会对你有兴趣。

对未来优化的极致是将未来指向更加深远的未来——人们无法触及的未来。我们常说的"前人种树后人乘凉"，把当下的努力指向更遥远的未来，把当下的努力状态优化向更加遥远的未来。这个未来可能是你在此生无法触及的，不是眼前的、当下的、自身的。这种对未来更加深远的优化把你努力奋斗的价值指向了更加遥远的未来——子孙后代。通过这样的优化，你可以削弱人们在当下患得患失的心态，更加脚踏实地去努力奋斗。当人们把目光盯在实实在在的事物上的时候，或者当人们不能如愿的时候，你就可以把那个实实在在的目标推向人们无法触及的、更遥远的未来。这样人们才有可能继续坚持自己的信念。

锁脑

人的自我存在的根基是时间感，如果人没有了时间感，那么自我也会消失。自我要的永远不是当下的东西。当下没有完美、没有更好、没有可能，这些都在未来。自我存在于时间里、思想里，永远存在于下一个目标中。自我是一个永远无法触及的东西，它永远要更进一步，更完善、更好、更高。自我永远都在寻求新的替代。存在主义大师让－保罗·萨特曾经说过："自我总是存在于未来当中，它是我们试图把自己变成某种东西时的目标所在。但这就意味着，只要我们活着，自我就不存在——至少是没有固定的、完成了的自我。自我是一个悬而未决的问题。"自我就是没有实现，没有完善，没有如愿，没有圆满的我，它在未来。

你要想借助未来优化自己的信息，就要让信息与未来的自我发生关系。让人们根据信息提供的线索感觉到，根据线索前行，自我在未来可以变得完满。

第十一章
理性锁加密原则四：价值锁定

1　锁定已经产生的价值

价值锁定研究的是，在人们面对判断和决策的时候，让他们把焦点集中在哪个层面的价值上，能够最大化地影响他们的行为。

你还记得 2012 年 12 月 21 日是什么日子吗？没错，世界末日，曾经的世界末日。世界末日没有来，我最关心的是那些曾预言和坚信末日会来的人，在末日没有来时会是什么感受。

世界末日的预言已经不是第一次了。1954年的时候,有个邪教组织预言12月21日地球的北半球将被洪水淹没,大部分人都会被淹死。而这个邪教组织的成员将会被外星人派来的飞船接走,逃离这场灾难。

这样的预言一发布,就受到社会各界的关注。当时的心理学家费斯汀格认为这是研究认知失调的大好机会,还专门让两名学生卧底这个组织,见证和记录了整个过程。

随着12月21日的临近,该组织的领导人接收到了外星人的信息,飞船将于某时某分降落,到时候会把这个组织的忠实信徒们带到一个安全的地方。但是,规定的时间到了,飞船并没有来。这期间组织的领导人说外星人多次变更降落的时间和地点。但是随着时间一分一秒地过去,最终直到21日这天结束,飞船还是没有来,当然洪水也没有来。

在这种局面下,你认为那些忠实的信徒会怎么面对这种尴尬的结果呢?这也是我关心的重点。这时组织的领导人对外公布,由于信徒的善良和忠诚感动了上帝,上帝决定不再惩罚人类,让世界重回安宁。就这样,信徒们可以回家了,一场闹剧终于结束。

那些信徒是怎样面对这个结果的呢?将信将疑的信徒纷纷离开了组织,而那些信仰坚定的人却依然死心塌地地追随该组织。有的人甚至辞掉工作,变卖家当追随该组织。对于这些继续追随组织的信徒,价值锁定起到了一定的作用。虽然他们期待的结果没有出现,

第二部分
理性锁：深度地将大脑锁住

但是他们相信自己的忠诚已经创造了价值，是他们的忠诚和善良感动了上帝，让上帝不再惩罚人类。也就是说，他们认为坚持本身就是有价值的。

锁定事情中的价值，把没有达成终极目标的结果看成是收益，从而让人们感觉自己的付出是值得的、是有价值的。在末日事件中，那些忠诚的追随者就是把当前的结果看成了收益，有了正当的理由。收益和价值已经产生，人们不但不会放弃怀疑，而且会更加坚信自己的选择。

在生活中，我们时常有这样的体验。比如为了减肥，你已经坚持吃了一周的素食。在这种情况下，你更有可能放纵一次去吃喝。还比如你紧张专注地工作了两三个小时后，就会拿起手机玩会儿游戏或者看看微信微博。这都是由于你认为自己已经做了一些积极的行为，认为自己的努力已经有了收益。即便很多时候这种收益只是心理上的，就比如你控制自己一周不吃肉，但是一斤也没减掉，你也会认为自己的努力是有用的，你也很容易放纵自己，奖励自己大吃一顿。因为在你的心中，你的行为已经创造了价值。这样的认知会让你产生一种心安理得的感觉。积极努力的行为会减轻人们在放纵自己时的内疚感和罪恶感。认为自己的行为已经制造了价值，会促使人们心安理得地接受现状。那些邪教的忠实追随者，认为自己的坚持已经创造了价值，所以心安理得地接受了飞船没来的结果。

同样的，我们也可以对阶段性的、没有达到预期目标的结果赋予价值，来影响人们的行为。一位顾客来到柜台前，即便他没有任何的消费行为，但对商家来说，价值其实也已经产生了，只是你没有发现罢了。但是销售人员往往认为，顾客只有产生消费行为才算有价值。其实顾客走进这家店铺就是价值，就是对店铺和品牌的肯定。销售人员可以对顾客说："您能走进我们店就已经说明您是有眼光的，我们店的产品就是专为您这样的有品位的年轻人设计的。"顾客拿起一件商品，销售人员就可以说："一看您就是很有品位的，这是我们店上个月的销售冠军产品"。作为一个销售，要能发现顾客任何行为中的价值，而不是只看到成交带来的价值。你能发现消费者行为的价值，就能告诉他们现阶段的行为是很有价值的。

发现每个行为、每个阶段、每个事物的价值，是每个人需要训练的一种能力。就比如有句话说："这个世界价值无处不在，没有价值是因为缺少发现价值的人。"

2　锁定已经投入的价值

同样的事情，从不同的角度诠释就会有不同的效果。一件事情已经产生了价值，要将事物的现状放在得到的框架里进行诠释。当然我们也可以转到失去的角度，来对事物的状态进行诠释，也就是事到如今你已经投入了价值。这样一来，信息中所带的情感就会提升，毕竟失去比得到的情感要强烈。

第二部分
理性锁：深度地将大脑锁住

生活中我们都有过这样的时候，你花了30分钟没有等到公交车，你会认为都已经等了30分钟了，再去打车多可惜，还是继续等下去吧，结果车还是迟迟不来。你花50元买了一张电影票，进去看得你只想睡觉，结果是为了不浪费这50元，只好硬着头皮花两小时看完一部烂片。类似的事情都是因为我们把关注的焦点聚集在了已经付出的代价、精力、金钱上，而不是聚焦在已经产生的价值上。我们已经付出的这些价值叫作沉没成本。沉没成本是指由于过去的决策已经发生了的，不能由现在或将来的任何决策改变的成本。简单地说，我们把这些已经发生不可收回的支出称为"沉没成本"。

文文和男友在大学就认识，恋爱五年，同居两年，结婚时大摆筵席，宴请亲朋好友，然后又来了一趟五国游蜜月度假。文文可算是把自己的全部精力都花在了这个男人身上。可谁知结婚两年，老公有了外遇。文文想要离婚，可是她回想起自己为这个男人付出的一切，就放弃了离婚的念头。这就是她把焦点聚集在已经投入的价值上，认为彻底放弃这些已经投入的价值，对自己来说是个巨大的损失。所以为了让已经投入的价值最大化，她会坚持自己的婚姻，努力让自己的婚姻能够像最初的预期那样有个完满的结果，而不是像现在这样半途而废。

我想很多人都经历过类似的事情，很想和恋人分手，但就是做不到。这其中一个原因就是你把关注点聚焦在了已经投入的价值上。人们在决定是否去做一件事情的时候，不仅要看这件事对自己有没有好处，而且也要看过去是否在这件事情上有过投入。也就是说，我们投入的成本会影响我们的决策和选择。看到这里你应该明白，为什么人们结婚的时候，要有那么多形式了吧？比如拍婚纱照、摆酒席、度蜜月等。从另一个角度来看，就是为了提高婚姻的沉没成本，把彼此牢牢地拴在身边。

同样的，单身的人难以结婚也是一样的道理。一个人单身的时间越长，就越是不愿意凑合着随便找个人结婚。因为他在坚持找个如意伴侣的道路上付出了太多。这些付出，让他不愿意退而求其次。结果是他单身的时间越来越长，也越来越难找到让自己满意的另一半。

当然了，商家也非常善于让顾客聚焦在已经投入的价值上，以此来牵制顾客。有一次，几个同事一起去一家韩国餐厅吃饭，这是我们第一次来，感觉很一般。结账的时候服务员告诉我们有满300返50的活动，而我们只吃了280元，一个同事说再添两杯果汁凑够300吧。就这样，我们得到了50元代金券。后来的一天大家又发愁该吃什么的时候，有个同事想起了那家韩国餐厅给的50元代金券，就想说服大家再去吃一次。其实那家餐厅并不好吃，但是有那50元的牵制，我们就决定再去吃一次。结果吃完后又得到了一张50元的代金券。就这样我们又陷入了商家设下的沉没成本的陷阱。

商家告诉你满300返50，就是让你把关注点聚焦在已经投入的价值上，让你认识到投入的280元是有价值的，虽然是已经消费过的280元，但还是可以创造出二次价值。如果人们认识到了它的价

第二部分
理性锁：深度地将大脑锁住

值却没有去利用，就会感觉很可惜。商家就是要让顾客聚焦已经投入的价值，并且激起顾客的惋惜心理，增强他们对沉没成本的情感。而那50元的代金券，虽然是返的，但它是你已经投入的价值，如果你不花掉它就又成了沉没成本。为了让这50元的价值不至于浪费掉，顾客会决定再去吃一次，甚至没完没了地吃下去。

当人们对某件事情开始投入时，会伴随着产生某种意志。如果事情没有按自己的预期发展，人们会投入更多的意志试图去抗拒这样的局面，结果人们会在其中越陷越深。让人们聚焦已经投入的价值，是为了激起人们对已经投入的价值的情感，从而让人们产生价值和利益最大化的意志。

3　情感重心就是价值所在

我们都有过这样的经历，事情做到中途很容易放弃，比如减肥、学习英语、健身等。我们之所以不能坚持下去，最重要的是事情做到中途没有了继续下的动力。在这个时候，如何让自己坚持下去，就成了一件非常重要的事情。

有的银行信用卡会设置一些奖励规则，完成目标就会有奖励。比如本月刷卡消费满5 000元，就可以得到一张200元的加油卡。当你消费到1 500元的时候，系统发现你已经一周没有刷卡消费了，会自动发一条短信给你："您已经消费了1 500元，继续努力就可以得到 200 元的加油卡了。"当你看到这条信息的时候，你难免会想已经投入 1 500 元了，现在放弃怪可惜的，于是在接到信息后又开始继续刷卡消费。

当你消费到 3 500 元的时候，你感觉拿 200 元的加油卡有点困难，于是你又有了放弃的念头。你隔了几天没有刷卡，系统又自动给你发了一条短信："您只差 1 500 元就可以轻松拿到 200 元的加油卡了。"这时你一想，是啊，只有 1 500 元了，放弃多可惜啊。于是，你接到提醒后，又开始拿着自己的信用卡四处猛刷。

之所以每条短信都能激起你刷卡消费的欲望，是因为系统改变了你关注的重点。起初的时候强调已经消费了多少，后期强调只剩下多少了，系统强调的都是少的部分。这才使人们又燃起了刷卡消费的欲望。把关注的焦点调整一下，人们完成任务的干劲就会变强。这种现象是科学家古敏中和艾莱特·菲什巴克所提出的。他们认为当任务刚开始，还没有超过 50% 的时候，如果人们想要放弃，最好是让他们把注意力放在已经完成的少的部分上。这样可以激发人们的动力。就像你刚开始刷信用卡的时候，系统强调已经刷了 1 500 元了，而不是把注意力放在还没有投入的 3 500 元上。如果你说还有 3 500 元就能完成任务，人们很有可能放弃。因为毕竟自己还没有开始投入这 3 500 元。当任务完成到一多半的时候，也就是超过 50% 的时候，想要激起人们继续的欲望，就要把注意力集中在剩下的较少的部分上，也就是强调只剩下 1 500 元了，这样人们才更愿意继续刷卡消费。

第二部分
理性锁：深度地将大脑锁住

为什么会出现这种现象呢？研究者认为这是因为在强调已完成和只剩下的这两种状态下，顾客的注意力聚焦在了较小的数字上，所以完成目标任务的积极性更高。他们把这种理论叫作小数字假说。

从我的自我情感理论来看，聚焦少的部分之所以对用户最有效，是因为随着事情的进展，人们的情感重心发生了改变。开始的时候人们聚焦在已经产生的价值上，毕竟用户的投入还不是很大，人们对最终目标的情感并不强烈。相比没有完成的大部分，这时对已经投入的少部分来说，是比较有情感的。而到后来关注还剩下的部分，是因为只要人们能坚持到后半部分，那就证明结果对用户的吸引力较大，人们渴望完成任务。这时人们情感的重心在剩下的少部分上。人们渴望完成任务获得结果，所以关注剩下的少的部分是非常有效的。这时强调沉没成本意义不大，因为用户的情感重心在结果上。关注哪一部分最有效，完全要看人们的情感重心在哪里。人们会随着事情的发展变化，改变自己对事物的情感。这时你就要能够精准地抓住用户的情感重心，对信息进行强调。一定要记住，情感的重心就是价值所在。

根据人们情感的重心，对信息进行强调，可以有效地把人们的注意力集中在他们感兴趣的目标上。比如鼓励销售人员完成销售业绩，起初他们渴望的是能有几家客户，因为这是个从无到有的过程。所以这时人们对"有"的渴望最强烈。在对"有"的强烈情感推动下，人们会积极完成任务。当任务完成超过一半，这种情感就开始发生转变了。这时人们的情感重心就转移到了完成上，也就是最终的结果上。这时强调只差一点点就可以完成任务了，对人们行为的影响是最有效的。

事物在人们心目中的价值，是随着情感的变化而变化的。对人们来说什么最有价值，要看人们的情感重心在哪里。在人生的不同阶段，或者同一件事情的不同阶段，人们的情感重心都是不同的。这就意味着即便是同一件事物，在人们心中不同阶段的价值也是不同的。

4　如何让价值唯一化

在生活中，当有朋友决定要结婚了，朋友之间会开这样的玩笑："你为了一棵树，失去了一片森林。"这个玩笑中隐含着一个经济学原理，叫作机会成本。也就是当你做出一个选择的时候，就同时失去了选择其他的机会。我们的每一次选择，都是建立在放弃其他选择的基础上。比如你选择做一个会计，就意味着放弃了其他的职业选择；你选择嫁给 A，就需要放弃 B 和 C；你选择这条裙子，就意味着你可能错过款式更好的和价格更低的裙子等。我们因为做出一个选择，而丧失可能获得的最大利益，这就是机会成本。

在生活中，哪怕是我们不经意间做出的一个选择和决定，也隐含着可能失去的机会。美国的社会心理学家巴里·施瓦茨认为，人

第二部分
理性锁：深度地将大脑锁住

们的选择越多，机会成本就越大。而人们意识到的机会成本越大，被选中的那个选项带给人们的满足感就会越低。也就是当选择太多的时候，并不能让我们对自己做出的选择更满意，而且很多时候反而会让我们更加不满。这是机会成本造成的一种决策心理。机会成本会让人们在做出选择后还犹豫、后悔。这样的结果是大大降低了人们的满意度。比如你买了苹果的手机，你会想是不是买个国产的手机更实惠，更能代表自己的爱国情怀……这都是在选择过后，对不能再选其他选项，产生的一种后悔心理。

选择太多会降低人们对选项的满意度，这其中还有一个原因，就是面对各种不同的选择，大脑会把各种选项的优点相加，拼凑出一个完美的选项。就拿找对象来说，以前人们找对象，或许只需要考虑这个人的人品怎么样，就可以决定是否要在一起。但是如今呢？我们要考虑的因素太多了，比如这个人的相貌、工作、能力、出身以及有没有房、有没有车等。人们会把这些选项相加，生成一个完美的结婚对象，以这个完美的标准去找对象。但是这个对象在现实中根本就不存在，即便有也是寥寥无几。我们可能如愿吗？当然不可能。所以，你永远也找不到自己完全满意的对象。很多时候即便你做出了选择，也是在退而求其次，你是不会满意的。这就是机会成本造成人们对选项满意度下降的另外一个原因。因为人们的理性在很大程度上是追求价值最大化的。

在这个眼花缭乱的时代，各种选择纷繁复杂。这注定了人们将会没完没了地买买买，因为人们总是认为更好的东西是下一件。在这种情况下，商家要想提升用户对产品和品牌的满意度，除了把产品的质量、品质做好，还需要善于把握消费者的心理。通过让消费者在面对目标产品做决策的时候，进行价值优化，从而让其感觉自己的选择是最好的，也就是达到"我的世界里只有一棵树"的效果。这就需要把选项优化为最佳选项，这样便能够提高用户的满意度和忠诚度。

伦敦商学院的戴维·法鲁（David Faro）和他同事，对如何避免人们因决策造成的后悔心理做了系统的研究。他们发现当人们在点完饮料后，把菜单继续展开放在面前，与把菜单合上交给服务员相比，后者对自己点的饮料更满意。研究者认为把菜单合上交给服务员，这样一个小小的举动，让人们的决策过程有了一种结束感。这种结束的仪式，让人们停止了对未选中对象的想象。围绕一个对象进行想象，会增强人们对它的渴望。这样的完成仪式，让顾客不再渴望其他饮料可能会给自己带来不一样感觉。顾客可以斩断思绪，安享眼前的饮料。研究者认为在人们决策后，那些具有完成感和结束感的举动，可以很好地避免人们的后悔心理，大大提升选项在人们心中的价值和满意度。提升选择的完成感，是在将被试关注的焦点拉回到已经选择的事物上来，关闭其他可能。现如今网络消费越来越多，提交订单、确认付款、签收包裹等这一系列的过程都让人们有完成感，都能减少人们选择后的后悔心理。其实，人们结婚要举行婚礼，就是一个具有完成感的仪式，让人们郑重其事地宣布一段人生的结束和下一段人生的开始。这样具有完成感的仪式，在很

第二部分
理性锁：深度地将大脑锁住

大程度上降低了人们的后悔心理。

另外一种提升事物价值的方法就是"主观最优化"。心理学家丹尼尔·吉尔伯特和同事在 1999 年的时候曾做过一个实验来证实"主观最优化"这种心理现象。研究者让被试在校园里拍摄主题为"大学生活最难忘的事物"的摄影作品。拍摄完成后，研究人员让被试从中选择出两张进行冲洗，被试可以保留一张照片，另外一张交给老师作为课程作业。交给老师的这张照片不会还给被试。研究人员要求一组被试立刻做出选择，而让另一组被试有充足的时间来考虑，允许他们可以多次选择，只要最终选择一张上交即可。

实验结束一段时间后，研究人员对被试进行了跟踪调查。结果发现，被要求立刻做出选择的被试，对自己的选择很满意。而那些有充足时间做出决策的被试，对自己的选择更不满意。他们普遍认为自己好像选错了。他们认为自己留下的那张好像比上交的那张更有意义。他们更希望能回到过去重新做出选择。那些立刻做出选择、没有反悔余地的被试，之所以满意自己的选择，是因为被试的选择受到限制的时候——立刻选择，不能反悔——会对自己的别无选择、没有再选一次机会的选项进行主观优化。被试在心里对自己的选项进行了自我说服和催眠，让自己认为自己选择的是最好的、是对的。其实主观最优化，是人们面对限制时对体验到的负面情感的一种心理修复。你在告诉自己，得不到的就是不需要的和不好的，能得到的就是最好的。这样一来选项在人们心中的价值就会大大提升。所以，限制人们的选择，也是提升产品价值的一种技巧。至于如何提升限制感，在前面我们已经讲过，你可以参照一下。

我们谈到现在，都是在说如何在人们做出选择后，采取一些策略提升产品的价值和决策的满意度。其实商家更希望人们在面对多个选项做决策的时候，能让自己的产品价值唯一化，让其价值突显出来。这个怎么做呢？你可以结合前面直觉锁的内容深入研究。另外，要想让产品价值在人们的心中唯一化，还可以让产品与自我关联起来。大部分时候，人们从众多选项中选出的那一个，都是与自我有着密切关系的。关于如何让产品与自我关联，在第三部分自我锁的内容中，我会具体和大家分享。

第十二章
理性锁加密原则五：行为优先

1 先有正面的行为，后有喜欢

在生活中，我们总能看到一些人对一些事表现出不喜欢，比如不喜欢一个产品、一个人、一个观点、一个品牌等。很多时候这是直觉锁在作怪。我们该如何解除直觉锁对大脑的控制呢？当人们对某些事情产生负面情感时，要想解开大脑负面的锁，可以引导人们做出与事物相关的一些积极正面的行为。这样一来大脑就会对事物重新评估，从正面的角度去重新解释对事物的态度和认识，这就叫作行为优先。人们对事物做出什么行为，就代表他们对其有怎样的认识。人们的认知和态度，很多时候是由行为引导的。

本杰明·富兰克林是美国著名的政治家和物理学家，避雷针就是他发明的。[1]富兰克林在竞选州议员的时候树立了几个竞争对手。其中一个对手是富兰克林的同事，他在富兰克林参加州议员竞选的时候，向议会提交了一份批评信，痛斥富兰克林，坚决反对他再次参选。这可把富兰克林给气坏了。

可关键是，这个人是个既有钱还有修养的绅士。富兰克林认为这个人虽然不喜欢自己，但是将来可能会成为政界的重要人物。这对自己的未来可能会有很大的帮助。于是，他就想要把这个不喜欢自己的人，变成喜欢自己的人。该怎么做呢？他想了一个小办法就轻松地搞定了。

富兰克林是个图书收藏家，建有自己的图书馆。他通过调查发现，那个同事有一本珍贵的藏书，于是就派人去借。书借来一个星期后，富兰克林写了一封感谢信，派人把书还了回去。

在后来的一次议会时，富兰克林主动走到那个同事身边，和他闲聊了起来。从那以后，富兰克林发现这个同事愿意在任何场合为他伸出援手。他们渐渐的成了好朋友。这其中到底发生了什么，怎儿让一个不喜欢自己的人，忽然开始喜欢自己了呢？

---

[1] 本案例改编自《你其实可以更理智》，作者大卫·麦克雷尼．2015年新华出版社出版。

第二部分
理性锁：深度地将大脑锁住

原因就是富兰克林本人提出的很著名的"富兰克林效应"。富兰克林效应是指你会渐渐喜欢上你为其做过好事的人，而渐渐讨厌你伤害的人。富兰克林让不喜欢自己的人借书给自己，这样的正面行为改变了对方对自己的态度。当你不喜欢一个人的时候，如果你为他做出了一些正面的行为，你就会开始变得喜欢这个原本你讨厌的人。同样的，负面行为也会让你讨厌一个人，比如你批评和指责了一个人，你也会对这个人产生负面评价和态度。

富兰克林效应告诉我们，只要你能让人们做出对某事物正面的行为，人们就会改变对它的态度。也就是生活中，我们对一些事物的态度很多时候是由我们的行为决定的。这种心理现象已经得到很多心理学实验的证实。心理学家约翰·科普勒（John Schopler）和约翰·康派尔（John Compere）曾做过一个实验也验证了富兰克林效应。研究者们邀请了一些被试来参加一位老师的一项研究测验，参加测验的被试能得到一些报酬。而这个老师是研究人员请一个演员装扮的，这个老师在测验时要刻意给被试留下尖酸刻薄的印象。测试完成后，被试们都成功领到了报酬。

在实验完成后，这位老师叫住了其中一部分被试，让他们退还测验所得的报酬。原因是研究经费用完了，想要用被试们的报酬来作为研究经费。结果是这些被试把钱退了老师。另外有些被试没有被老师叫住，顺利地拿着报酬离开了。不久后，研究人员找这些被试，做了一个跟踪调查，让被试们给这位老师评分，结果发现被老师把钱要回去的被试对老师的评分高，而那些顺利把钱带走的被试，

给老师的评分低

这个实验证实了富兰克林效应的作用。当一个人讨厌你的时候，如果让他为你做出一点正面的行为。讨厌你的这些人会改变以前的态度，开始喜欢你。被试都很讨厌这个老师，但是那些被老师要求做出一些正面行为的被试，对老师的喜爱程度，大大高于没有被老师要求做出正面行为的被试。

你也许会问，为什么会这样呢？这其中的一个原因是人们对自己行为的解读机制。人们习惯性地对自己的行为进行解读。也就是当自己做了一件事情的时候，大脑会自动寻找原因。我在《成瘾：如何设计让人上瘾的产品、品牌和观念》这本书中对大脑的解释机制做过详细的介绍。当人们做出一个行为的时候，会对其进行解读，解读自己为什么会这样做。当人们对自己持有负面态度事物做出正面的行为时，人们的行为和态度会产生不一致性，这时人们会产生心理冲突。为了避免这种心理冲突，人们需要通过内在对自己行为的合理解释，把自己的行为解读得和自己态度一致。那么面对自己的正面行为时，人们会根据行为来重新评估对事物的态度。人们会把这些正面的行为归因为自己喜欢。因为人们的理性认为自己不会做不喜欢的事情，更不会做自己无法理解的事情。所以，当人们对事物产生正面的行为时，就会自动归因为喜欢，要不然怎么会要借给对方书呢？怎么会把钱退给老师，留作研究经费呢？就这样大脑会重新设定对这个人、这些事的态度。从而消除了原本对他们的偏见。

第二部分
理性锁：深度地将大脑锁住

不单是对事物做出明确的正面的行为，能够改变人们对事物的好感，认为自己是喜欢才有这样的正面举动。研究发现即便是简单的靠近和走近某个事物的简单行为，都会让事物在人们的心中显得更有价值。这就像我们前面说的，你在商场走向一个店铺，是大脑已经为你无意识地做出了判断，告诉你那是好的，所以才走近它。走进、靠近、接触的行为就是对事物好感的表现。

除了保持行为和态度的一致性心理，还有一个原因就是人们停在思想里，思想制造的情感与现实中真正面对这个人时的情感是不一样的。在思想里人们会把对一个人、一个产品的情感极端化，好的想得很好，坏的想得很坏。这和思想连贯性、一致性的属性有关。而当在现实中真正面对这个人的时候，你会感觉这个人并不像你想象的那样极端。也就是思想对情感的润色会增强人们对事物的情感。这就是我们前面说的停在思想里，人们对事物的意志增强了。但是通过与事物的接触，发现事物并不是自己想象的那样极端，事物并不像想象的那样令人讨厌，它有更多方面。这时人们会更新自己的模式，从而减弱对其的情感或者转变对其的情感。

同样的，当人们对一些人做出负面的行为，比如批评指责时，人们对这些人的评价也会是负面的。其实这是人们因为一些负面的行为——指责批评，让自己与自我产生了负面的连接。自我的负面情绪让自己体验到糟糕的自己，这样的自我需要找到自己负面情绪的替罪羊，那就是负面情绪所指向的对象。只有给对象负面的评价，人们才能感觉自己的负面情绪是理所当然的，是合乎情理的。

富兰克林效应告诉我们，当人们成为某个产品的用户时，这时产品对人们态度的影响，将超过人们的态度对产品的影响。就比如你买了一件1万元的西装，于是你开始在意自己穿得对不对，怎么穿，在意自己的坐姿等。西服塑造了你的生活态度。这些东西影响了你，把你变成了拥有它的人。还比如养宠物的人，在养宠物后变成了一个爱散步的人；买了书的人会变成爱看书的人等。

人们很多时候不知道自己到底想要什么，自己是谁。人们对自己的认识靠的是自己做过的事、拥有的东西、说过的话等来定义的，是这些东西塑造了人们的自我。人们需要事物和行为来表达自我，没有事物和行为你就不确定你是谁。在人们看来事物的重要性就是自我的重要性。生活中，人们会常说"你穿这件衣服显得你怎样"就是把衣服的意义与人连接在了一起。衣服能够让人们联想到一连串的意义。让你整个人带有了情感。研究表明，服装激起的联想能达到令人震惊的程度。人们很容易通过一个人穿着去定义这个人是怎样的人。

2 引导行为优化目标

感受到自己是怎样的人

很多时候，人们是不会像富兰克林那样向不喜欢的人借书的，

第二部分
理性锁：深度地将大脑锁住

即便借了对方也不会轻易地同意。但是，我们还是可以通过对人们行为的优化来有效改变他人的态度。

富兰克林效应与另外一个效应有点相似，那就是登门槛效应。登门槛效应是说如果你能让一个人先接受一个小小的要求，那么接下来如果你向他提出一个大的要求，他更有可能接受。这是心理学家乔纳森·费里德曼和斯克科特·费雷泽于1966年提出的。他们做了一系列的实验来研究这种心理效应，其中一个实验里，研究人员随机挑选了一些家庭，直接要求他们把一个大大的"小心驾驶"的标示牌立在自家的院子里。结果遭到了大部分家庭的拒绝，只有17%的家庭同意。然后他们换了一些家庭，先是邀请这些家庭在一份赞同安全行驶的请愿书上签字。几乎所有的家庭都同意了这个小小的请求。过了几周的时间，研究人员再次登门拜访，这次是要求他们在院子里立一个大大的"小心驾驶"的标示牌。结果发现，签过请愿书的家庭，超过一半以上都同意在自家的院子竖这个标示牌。这就是登门槛效应在发挥作用，这也被叫作得寸进尺效应。

在这个试验中，直接被要求在院子里立牌子的家庭大部分拒绝了。所以要想直接让人们做出正面的行为，很多时候其实效果并不是很好。那么，你就可以先让人们做出一个小小的行为和承诺，来对他人的行为进行一个小小的优化，接下来当你提出更大的要求时，你就会收到更好的效果。

这个小小的行为可以是签字、接受一个赠送的小礼物，或者是口头的承诺等都可以。但是必须要让人们感受到、意识到自己是个关心驾驶安全的人。这个环节是要把人们放在一个既定的框架中，让人们意识他们是怎样的人。当有了自我意识的基础再提高要求才会有效果，才会让人们无法拒绝。只有意识到自己是怎样的人，人们才会有可能让自己的行为保持一致。将用户优先放进一个既定的模式里，就很容易改变人们的行为，在自我锁的内容中我会深入和大家分享具体怎么操作。在这里你只要认识到引导他人做出一些小小的行为，就可以影响他们之后的行为。

模拟具体化过程

当然了，即便用户感受到自己是怎样的人，很多时候效果也是有限的。毕竟这种行为是隐性的，是发生在自己的内在的。要想让一个小小的行为更有效地影响他人，还可以进一步对人们的行为进行优化，也就是让他们的意愿呈现出来。

你求人办事，对方虽然答应了可以帮忙，但很多时候都再无下文。这是因为虽然人们答应下来，但是并没有真正意识到自己在做什么。也可以说，很多时候这是人们一种无意识的行为，更多的是一种随口答应。这样的事情没有效率，还有一个原因就是中国人爱面子，认为别人都已经答应了，就不要再追问什么，结果是后面就没有了下文。

为了深度影响人们的行为，今后你可以对这种行为进行优化，让事情变得更加有效率。人们的大脑认为自己投入更多关注和意志

第二部分
理性锁：深度地将大脑锁住

的事情才是重要的事情。而随口答应这样的行为，需要人们投入更多精力关注才会真正变得重要。所以要想事情能更有把握，在今后别人答应帮你忙的时候，你就要让你的事情占据他人更多的大脑资源，从而提高做事的效率。

最简单的方法就是，当他人答应帮忙的时候，和他人谈论与事情相关的问题，比如什么时间能有进展，一般都需要怎么做，需要自己怎么配合等。这样讨论会让对方感觉你是真的很在意这件事情。另外，在谈论中让对方将事情的开展方式呈现在大脑中，让他们在大脑中规划这件事情该怎么实施。行为学家认为让人们针对一件事情做出比较具体的规划，比如打算在何时、何地，以及准备如何做这件事情，可以有效地促进人们完成目标。行为学家们把这种现象叫作"执行意向"。

美国的一些专家就把这种方法运用到了选举中，达到了很好的效果。他们为了动员民众积极地参与投票选举，向民众发放了不同内容的动员信。这些动员信有三个版本。

第一个版本是直接提醒民众大选来临，并直白地鼓励大家积极参与投票。

第二个版本基本和上面的内容一样，只是加了一条问人们愿不愿意参加选举投票的内容。

第三个版本在第二个版本的基础上做了进一步的调整，不但问了愿不愿意参与投票，还问了其他三个问题，比如你打算在什么时间投票？你会从哪里出发去投票？投票前你会做些什么？

结果发现，最有效的是第三个版本。这就是让人们把一件承诺要做的事情，具体呈现在人们的大脑中时，提升了人们完成承诺和目标的可行性。

人们回答这些具体的问题，是对复杂问题进行情感匹配和情感增强的过程。心理学家埃里克·约翰逊、杰拉尔德·豪比尔和阿奈特·凯南，曾提出"查询理论"。该理论认为人们对事物的偏好不是预存在大脑中的，而是通过大脑回答一系列问题，权衡复杂事物的各种因素构成的。但是我认为在这个过程中，最重要的是人们每提一个问题大脑都会为其匹配上情感，赋予意义。每一个单独问题的情感和喜好，都是预存在大脑中的，是由经验决定的。通过回答若干个问题，大脑将一个复杂问题所牵扯到的各种问题的情感编织在一起，形成了对这个复杂事物的最终情感。这个理性的决策过程，是大脑提取、匹配、编织的过程。在人们凭直觉做出决策的时候，这种情况就会更明显。大脑会无意识地将事物匹配上情感，从而让你对事物产生喜好的倾向，这说明人们对事物的情感偏好是预存在大脑中的。人在对复杂问题做出决策的时候，需要通过提问来编织和增强对复杂事物的情感，所以通过提问把事情具体化，是人们对复杂问题情感增强的过程，也是在大脑中模拟事情发展的过程。这有利于人们对事物做出决策，并促进人们最终实施决策。

第二部分
理性锁：深度地将大脑锁住

如果你是儿童培训中心的课程销售，顾客和你预约好了周末带孩子过来体验课程。这时你就要用关怀的语气帮客户把目标具体化。比如问顾客几点到，是开车来还是坐车来，告诉顾客到了找哪位老师等，把整个过程模拟一遍。这样做既体现了你对顾客的关怀，又帮顾客把目标具体化了。这就是在帮顾客规划实现的过程，就是在将顾客导入行动中。模拟的过程会让顾客体验到一种与真实做事情时同样的压力，让顾客意识到这件事情是需要去面对的。

但是，很多时候即便你这样做了，顾客也没有来，你的具体化并没有促进顾客采取行动。这是为什么呢？这里有个最重要的问题，你具体化的过程是否击中了顾客的情感重心？也就是在顾客带孩子来体验课程这件事上，顾客最看重什么？击中顾客的情感重心，才是确保具体化有效的核心所在。人们对一件复杂事情的喜好，是由人们在这件事情中的情感重心决定的。也就是说，决定顾客最终是否来参加体验课的，是顾客在这件事情中最看重的部分。顾客很多时候看重的并不是课程本身，而是其他一些你意想不到的因素。就比如停车这么一个简单的问题，恐怕就是决定顾客是否会来的核心因素。因为顾客的一些经历让他特别看重停车这件事情。这就是顾客的情感重心，这决定着顾客对参加体验课这整件事的判断和决策。

那么如何捕捉情感重心呢？与顾客沟通的时候，他们会反复问到或者重复提到一些问题，就是顾客的情感重心。就比如说，你问顾客他大概几点过来，顾客没有回答你，而是问你们那里停车方不方便。你告诉他很方便。可是当你说到"上楼找李老师"的时候，顾客又回过头来问你："停车收费吗？"这时你就要注意了，顾客对于来体验课程这件事情的情感重心，可能是在"停车是否方便、是否收费"的问题上。这时你就要主动出击为他解决这个问题。比如告诉他可以为参加体验课的顾客提供停车券，他可以免费停车。这是击中顾客情感重心的方法。

还有一种方法就是在具体化的过程中击中顾客的自我，也就是产生自我锁。比如你可以对顾客说："周六下午三点，我们专门安排了一位老师，预留了两个小时的时间来为您和孩子做演示。您准时到这里就可以了。"顾客在听到这样正式的安排后，会感觉自己如果不来会是个很糟糕的人，会让人认为自己不懂得尊重他人。这时顾客就把来不来参加体验课程与自己是怎样的人关联了起来，激起了顾客强烈的情感反应，更加有效地促进他积极主动地做出行动。

先有想象后有喜欢

不只具体化过程能增强人们对目标的情感，促使人们完成目标；让人们想象到使用的情景，也可以让人们对事物产生好感。人们在购物的时候，决定买不买一件产品，有一个环节是很重要的。那就是想象产品使用的情景。

这里我们还是借助社会心理学家杰克·布雷姆曾经做过的一个实验来看一下。他让一些家庭主妇对一堆家居用品的喜好进行评价，并且让她们选出自己喜欢的一件。在选择之前，主妇们普遍认为这些用品都挺好的，说不出哪个更好，哪个更让人满意。接下来布雷

第二部分
理性锁：深度地将大脑锁住

姆告诉主妇们，她们可以将自己选中的东西免费带回家。这样一来，主妇们都开始非常认真专注地挑选家居用品。等她们挑选好自己喜欢的东西之后，布雷姆再次让主妇们对家居用品进行评价，对这些用品的喜欢程度进行排序。结果发现，被选中的用品排在了最前面，而没有被选中的用品都排在了后面。不像在选择之前，她们认为都挺好的。选择之后她们分出了哪个更好，哪个次之。当实验完成之后，布雷姆又告诉她们，不能带走自己选中的物品。结果大家好像都很不情愿的样子，其中一个主妇甚至当场哭了起来。

主妇们之所以在选择前和选择后，对物品的态度和感觉差别如此之大，就是因为在选择之后，人们在自己的脑海中构建了使用这件物品的情景。如果她选中了一个杯子，她想象这个杯子可以在下次家庭聚会上使用，这样显得很有档次。或者这个杯子更合适冲咖啡，冲一杯咖啡，双手捧着杯子坐在午后的窗前……哦！多美好的生活。但是，主妇们在没有选中杯子的时候，没有开启这样的情景画面。所以对杯子也就没有情感，说不出哪个好哪个差。

当研究人员说不让主妇们带走选中的东西时，她们伤心并不是因为自己的东西被剥夺了，而是因为她们的美好可能被剥夺了。这就等于剥夺了她们的美好生活。当人们把一个物品放进一个想象的情景中的时候，人们就找到了得到它、拥有它的理由。也就是将产品与自我建立了连接，将自我投射在物品中。如果这时不让人们得到物品，就等于剥夺了人们构建的美好可能。所以，让人们围绕产品展开想象，也能大大的促进人们对事物的喜好，从而影响人们的行为。

3　增强参与感

在行为优先中，让人们积极地参与经营和产品营销过程，也是借助行为启动情感的一种方式，在参与中可以让人们对品牌和产品建立情感连接。从而提升品牌和产品在人们心中的价值。参与感的概念最初是由美国著名企业家 M·K·阿什提出。他认为：每个人都会支持他参与创造的事物。也就是说，参与是支持的前提。这是因为在参与的过程中，人们在事物中注入了情感，情感就是价值。

美国阿肯萨斯大学的莫丽·瑞珀特教授曾做过一个实验。她在美国的一个物流公司进行了一项关于员工参与感与企业发展的关系的相关研究。她把这家公司的员工分为两组，一组让他们在制定战略决策时高度参与，让他们高度认同公司的战略决策，这组被称作参与组。而另一组不参与公司的战略决策，对公司的战略远景不明确，对公司的战略决策的认同度也比较低，这组被称作限制组。随后，她对这些员工对工作的满意度和认同感进行了调查。结果发现，工作的满意度与员工对企业的参与密切相关。参与组的员工对工作更加满意，对工作和公司的认同感也很高。员工的参与度能激发员工的工作热情，企业也能真正地实现利益的最大化。

许多企业都认识到了员工参与对企业发展的重要性，纷纷推出

第二部分
理性锁:深度地将大脑锁住

了各种员工参与管理决策的管理模式。小米就是在这方面受益的企业。用雷军的话说:"我们办小米的目的就是聚集一群人的智慧做一款大家能够参与的手机。当你真的参与其中,你提的建议被我采纳了,手机中有这个功能,这个功能被很多用户使用,你会有种强烈的荣誉感。"这也是小米之所以能够快速成长起来的一个原因,它们有一个凝聚力强和高度热情的团队。

参与感不但能够促进企业的管理和发展,同样的,在营销环节中采用参与的策略也能达到很好的效果。宜家就是受益于用户参与的策略的品牌。在宜家的各种经营和营销模式中都透露着用户参与的痕迹。挪威的一家宜家店搬迁新址时候,就积极地邀请了市民参与进来一起帮忙搬家。在宜家网站上,宜家请网友们认领他们感兴趣的搬家角色。比如主持开业典礼;在宜家入口处种下第一棵树;负责宜家的顾客广播站广播;在宜家搬家时,帮忙看管游戏室里的玩具等。不久后,人们开始志愿认领任务,甚至还有人主动提出了一些没有被列出来的任务。结果是,报名参加的人越来越多。居然有20%的市民都参与了这次搬家活动。而且宜家开幕式当天也打破了以往所有的销售记录。宜家让大家参与进来,是让用户与新宜家建立情感关联。人们会在今后的日子里一提到宜家,就会想起门口的树是我种、开业典礼是我主持的等。就是这样一个小小的参与行为,好像自己就和它紧密地联系在一起了,好像这个宜家就成了自己的宜家。接下来你会花更多精力去维护"你的"宜家,甚至不允许别人说宜家的坏话。这就是凡是人们参与过的事情,人们总是愿意为它操心。

宜家的整个经营体系都在强调用户的参与感。宜家高度开放的购物空间，让用户自主搭配家居，自由选择。有些比较大件的商品，顾客选好后需要让服务员为其打单，然后顾客需要拿着货单，按照货物标示的位置自己到货物存放区自行提取。用户愿意的话还可以自主安装自己选择的家居。宜家的整个销售环节都能让用户体验到参与感。参与时用户会增强对品牌的和产品的了解，让用户融入企业所独有的文化氛围中，体验到品牌的与众不同。参与是一种接纳、开放的模式。

参与感更重要的是在你参与其中时，人们的自主感会增强。比如你为国家领导人的选举投过票，这好像你真的有这个决定权、你的意见很重要、你很重要一样。豆瓣就是借助人们的参与感做起来的平台，人们通过对一本书，一部电影进行评论或评分来表达自我。虽然参与评论什么也得不到，但是在你参与评论的时候，好像很多人都能看到你的意见，好像你的意见能够影响很多人、帮到很多人一样，那一刻你感觉到了自我的重要。其实很多时候这完全是自我意志、执念的作用。在参与中，参与会激起人们的自我意志，自我意志会放大人们参与时自我对事情的作用和影响力。所以参与是让自我感到重要，同时也能让平台、产品变得重要和有价值的一种有效的方法。

第三部分

自我锁：持久地将大脑锁住

第二部分
理性锁：深度地将大脑锁住

了各种员工参与管理决策的管理模式。小米就是在这方面受益的企业。用雷军的话说："我们办小米的目的就是聚集一群人的智慧做一款大家能够参与的手机。当你真的参与其中，你提的建议被我采纳了，手机中有这个功能，这个功能被很多用户使用，你会有种强烈的荣誉感。"这也是小米之所以能够快速成长起来的一个原因，它们有一个凝聚力强和高度热情的团队。

参与感不但能够促进企业的管理和发展，同样的，在营销环节中采用参与的策略也能达到很好的效果。宜家就是受益于用户参与的策略的品牌。在宜家的各种经营和营销模式中都透露着用户参与的痕迹。挪威的一家宜家店搬迁新址时候，就积极地邀请了市民参与进来一起帮忙搬家。在宜家网站上，宜家请网友们认领他们感兴趣的搬家角色。比如主持开业典礼；在宜家入口处种下第一棵树；负责宜家的顾客广播站广播；在宜家搬家时，帮忙看管游戏室里的玩具等。不久后，人们开始志愿认领任务，甚至还有人主动提出了一些没有被列出来的任务。结果是，报名参加的人越来越多。居然有20%的市民都参与了这次搬家活动。而且宜家开幕式当天也打破了以往所有的销售记录。宜家让大家参与进来，是让用户与新宜家建立情感关联。人们会在今后的日子里一提到宜家，就会想起门口的树是我种、开业典礼是我主持的等。就是这样一个小小的参与行为，好像自己就和它紧密地联系在一起了，好像这个宜家就成了自己的宜家。接下来你会花更多精力去维护"你的"宜家，甚至不允许别人说宜家的坏话。这就是凡是人们参与过的事情，人们总是愿意为它操心。

宜家的整个经营体系都在强调用户的参与感。宜家高度开放的购物空间，让用户自主搭配家居，自由选择。有些比较大件的商品，顾客选好后需要让服务员为其打单，然后顾客需要拿着货单，按照货物标示的位置自己到货物存放区自行提取。用户愿意的话还可以自主安装自己选择的家居。宜家的整个销售环节都能让用户体验到参与感。参与时用户会增强对品牌的和产品的了解，让用户融入企业所独有的文化氛围中，体验到品牌的与众不同。参与是一种接纳、开放的模式。

参与感更重要的是在你参与其中时，人们的自主感会增强。比如你为国家领导人的选举投过票，这好像你真的有这个决定权、你的意见很重要、你很重要一样。豆瓣就是借助人们的参与感做起来的平台，人们通过对一本书，一部电影进行评论或评分来表达自我。虽然参与评论什么也得不到，但是在你参与评论的时候，好像很多人都能看到你的意见，好像你的意见能够影响很多人、帮到很多人一样，那一刻你感觉到了自我的重要。其实很多时候这完全是自我意志、执念的作用。在参与中，参与会激起人们的自我意志，自我意志会放大人们参与时自我对事情的作用和影响力。所以参与是让自我感到重要，同时也能让平台、产品变得重要和有价值的一种有效的方法。

第十三章
与我相关就会重要

1　自我锁：更顽固的脑锁

前面我们讲了直觉锁和理性锁对大脑如何产生影响，接下来和大家分享第三个级别的脑锁——自我锁。自我锁在很多时候是比直觉锁和理性锁对大脑的控制更强大和更持久的一种脑锁。

我们先要回到前面提到的我的那段深夜经历。我遇到一个女孩让我骑车带她到人民大学，我毫不犹豫地溜掉了。后来我的理智战胜了直觉，返了回去。可是女孩已经消失在了夜色中。那一瞬间，我心中升起一种对自己的厌恶感。我在想，"不管她是不是坏人，一个弱女子向我求助，我居然置之不理。"这让我感觉自己是个胆小懦弱、不仗义的，心里感觉特别糟糕。

这种厌恶感导致我后来做了各种解释，"这个女孩打车回去了，别人把她送回去了"等。甚至这种厌恶感，还让我做了另外一件事情，我曾打电话到海淀派出所询问，几月几日的晚上，海淀中关村的十字路口有没有人失踪，最近一两天有没有学校报警有人失踪。他们说没有，我的心中才稍微得到些许的安慰。

什么样的信息对人们的影响最久远，效果更明显呢？从上面这个例子可以看出，那就是和核心自我相关的信息。核心自我就是涉及自我对错好坏的信息。当信息涉及"我"是怎样一个人的时候，人们就会把信息看得很重要。信息对人们的影响就会瞬间产生。就像我的那次经历，错过对女孩的帮助，让我感觉自己是个不仗义的人。虽然我的理性也会站出来对自己说："谁知道她是什么人，大半夜的让一个陌生人带她去两站外的地方，这不是很奇怪吗……"这样的斗争一直持续到今天。虽然这样的理性思维是为了给自己的自责感和厌恶感解锁，但是，在信息与自我建立关系的时候，理性往往显得很无力。我的理性并没有让我不再自责。被自责感锁脑的我，做出了后来给派出所打电话的行为试图解锁。但是，这样的经历直到今天回想起来还是能让我感到不舒服。这就是当信息涉及核心自我的时候会对人们产生持久而顽固的影响。

第三部分
自我锁：持久地将大脑锁住

在人们对信息进行评估判断时，直觉一般排在首位，快速做出判断；理性随后跟上，更加深入全面地对信息进行评估。如果你围绕一个信息再纠缠下去的话，人们就会试图将其与自我建立关联。当你想要为女儿买件衣服的时候，你打开网页第一眼吸引你的是一件粉色的小裙子，为什么是粉色呢？因为看到粉色的时候，你的大脑就被锁上了，认为粉色是女孩穿的颜色。这是不需要你有意思考的事情，大脑会自觉自动地完成这样的识别，但是思维也许并不会就此打住。你回过神来理性介入了，你又一想，这次不能再买粉色的衣服了，她的衣服都是粉红色系，应该买个性点的颜色。接着你在理性的驱使下，通过多方的评估，决定买一件更个性化的衣服，比如说蓝色的、灰色的等。如果这时你停止思考，追随理性锁做出决定，这次购买行为理性锁就起了决定性的作用。但是，看看你给女儿买的那些衣服，你就会发现，很多时候，你并不会就这样做出选择。而是很有可能进入下一个环节，将给女儿买衣服这件事情与自我发生关系。当你想要买一件颜色有个性的衣服时，你会想，"如果是那样的话，女儿他爸会不会说我不会买东西，带孩子出去别人会不会认为我这个妈妈没有品位，把自己的女儿打扮成假小子"等。想到这里，你认为还有什么比做个好老婆和好妈妈更重要的事情吗？当然没有，于是你为了安全起见又回到了原点，买了最初选择的那件粉色的衣服。这时人们的选择转了一圈回到原点，根据最初的选择做出决策。这并不是直觉锁起了作用，而是自我锁在发挥作用了。

锁脑

人类是社会性动物，大部分人都受到社会规范的制约，想要追求个性但最终还是选择了妥协，选择了更安全的决策。安全感是自我追求的根本原则。这样不至于招致别人的否定。停在思想里思考得越多，就会离自我越近。因为思考的目的是做出最佳、最安全的决策。而事情让自己看上去是好是坏，就成了理性最终要考虑的事情。但是，当思想考虑到这会让自己看上去是好是坏的时候，大脑的决策机制不是围绕直觉和理性展开了，而是围绕自我展开。

很多事情都是这样的，你停留在思想里的时间越长，你会发现事情与自我的关系越密切。就像我那段深夜的经历，也是自己一直在思考这件事情，这件事情才与自我是个怎样的人联系起来。如果我能果断地停止对这件事情的思考，也就会没有了后来心中的那份强烈的自责感。停留在思想里，用理性去思考时会让事情不断地增强和升级，不断地向自我的核心聚拢，与自我建立关联。先是信息是好是坏（直觉判断），然后是更好还是更坏（理性判断），最后是信息让我看上去是好是坏、是对是错（自我判断）。这就好像大脑区域的分布，在眶额叶的上部是自我的核心脑区——内侧前额叶皮层。眶额叶的理性思维如果得到增强就会上升到自我脑区，也就是内侧前额叶皮层。在信息没有直接、直观地与自我相关的情况下，不断思考会增强与自我的相关性。

第三部分
自我锁：持久地将大脑锁住

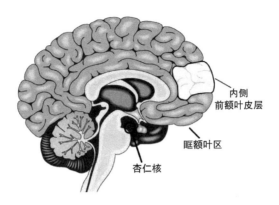

如果信息中有直接关乎人们自我的部分，就会直接激大脑的自我区域，产生自我锁。科学家们要求年龄在 13 岁左右的少年和成人，说出他们对自我的直接评价，也就是认为自己是怎样的人，比如我认为自己很聪明、诚实等，以及他们认为别人又是怎样评价自己的，就比如我的朋友们认为我非常聪明等。研究结果表明，无论是自己直接评价自己，还是猜测别人怎么评价自己，两者都能激活大脑的核心自我脑区。

自我锁就是打造与核心自我紧密相关的信息，让用户在接触到信息后产生自我锁，从而对大脑形成绝对的控制。

自我锁在很多时候会让直觉锁和理智锁失效，自我锁比直觉锁和理智锁在人们的意识层面停留的时间要更长。所以要想长时间锁住用户的大脑，信息最好与用户的核心自我发生关系。我们说到过 iPhone 6 的外形设计其实很一般，特别是背面那两条"绷带"，没有体现简洁之美，也没有鲜明的个性，甚至让人感觉有点丑。从直觉锁的角度来说，iPhone 6 的设计并没有生成强有力的直觉锁，即一看就有种美感，一看就喜欢，所以算是比较失败的外形设计。另外，它的价格相对来说有点高，从人们的理性来考虑，也不是首选。从直觉和理性的角度都没有给人们产生强有力的锁脑的效果，那么为什么还卖得那么好呢？这是因为苹果这个品牌带了自我锁的原因。苹果品牌让人们感觉使用苹果手机是高端的表现，用它能体现自我的价值，能显得自我高贵、时尚、有价值，让自己看上去很有品位。苹果品牌和核心自我发生了密切的关系，让苹果品牌带有了自我锁。产品和信息带有自我锁的时候，即便手机长得丑一点、价格高一点，还是能形成脑锁。所有的大品牌都带有自我锁，这是无一例外的。这也是一个品牌能够更长久发展必须要打造的品牌加密方式，因为自我锁稳定、持久、不易破解。自我锁的强度和顽固度都是优于前两者的。

2 大部分人的信念

每个商家最大的愿望就是，产品能够为大多数人提供服务，能够捕获大多数人的心。那么，这就需要研究人们最普遍的自我信念是什么。产品和品牌只有击中大多数人的自我信念，才可以创造更大的价值。那么，人们普遍的自我信念是什么呢？

首先我们来看一下大部分人的自我是什么样子。也就是人们普遍认为自己是怎样的人，或者说想成为怎样的人。这是构成人们自我的核心，也是基础。那么，大部分人对自我存在怎样的认知呢？

第三部分
自我锁：持久地将大脑锁住

那就是正向偏见。简单地说就是大部分人都认为自己即好又对，掌控着自己的未来，有美好的未来。

在乔纳森·布朗写的《自我》这本书中提到了一些数据。在1976年，美国大学委员会做过一次规模比较大的调查，他们要求100万高中生对他们自己和同伴进行比较，结果发现70%的学生认为自己的领导才能高于平均水平，60%的学生认为他们的运动能力高于平均水平，85%的学生认为自己与他人相处的能力高于平均水平。在这些人当中，25%的人认为自己属于最出色的1%。不仅是在年轻人中出现这种现象，成人身上也出现了同样的情况。在另一项调查中，90%的商务经理认为他们的成绩比其他经理更突出，86%的人认为他们比同事更道德。也就是说，大部分人认为自己比大多数人要好、要优秀。

心理学家的研究发现，大部分人不但对自己有积极正面的认识，认为自己比大多数人要好，要优秀、聪明、诚实，更具同情心，更有正义感等，还普遍认为自己掌控着自己的生活，对自己的未来有乐观的预期。人们普遍认为自己的婚姻更美满长久，不会和自己的配偶离婚，会比一般人活得时间更长，倒霉的事情不会发生在自己身上，还认为自己的孩子会智力超常。同样的，人们会认为癌症这样的疾病不会发生在自己身上，车祸这样的事故也不会发生在自己的身上等。

心理学家的大量研究表明，人们普遍的自我信念是"我即对又好，我掌控着自己的生活和未来，我有美好的未来……"用四个字概括自我信念的特点，那就是"正向偏见"。

在一部电影中有一个情景是问女人们："什么场所是找男友的最佳场所？"你是不是一看到这个问题就开始在大脑中搜寻答案了？我相信你一定有自己的一套说法，不过我们还是先来看看其他人是怎么说的吧。

A 说："超市是最佳场所，在那里找到的人更现实。如果一个男人手里拿着购物清单，那么他一定有老婆；如果他拿着小的购物篮买速冻食品，那他一定是单身；而喜欢在水果和蔬菜区逛的男人，多半都很健康。"

B 说："地铁吧！拥挤的空间是陌生人离得最近的环境。你可以用手机在微博找张可笑的图片分享给他，也可以和他一起看一条最新的新闻。有限的空间是天赐良机。最重要的是，你可以嗅到他身上的味道，能够知道那是否是你喜欢的。"

……

看完其他人的回答，你是不是也很想说说自己的想法呢？其实这是个很可笑的问题，因为男人到处都是，任何场所都是最佳场所，不是吗？我们迫不及待地想说说自己在这方面的想法，就是在告诉别人：这个我知道、这个我懂、这个我有经验、我知道事实、事情是这样的……人们想要掌控一切和认为自己掌控着一切，这是为了

第三部分
自我锁：持久地将大脑锁住

让别人和自己知道，这个世界和自己的生活都掌控在自己的手中，从而可以对自我感觉良好。

我好、我对、我知道、我了解……这是人们对自我最普遍的认知。也可以说，大部分人的自我都有这样的特点，大部分的自我都是相似的。正向偏见是一个正常人保持身心平衡的正常的、也是最基本的心理状态。正向偏见是人们生而为人的最基本的社会生存动力。在《活着就在找感觉》这本书中我详细地阐述过这样的心理状态。如果一个人不能维持这种正向偏见的心理平衡，人们就会陷入焦虑和抑郁的状态，甚至会走向崩溃的边缘。抑郁症患者的自杀率很高，这并不是真的无法生存，没有吃喝，没有容身之所，而是人们对生活的渴望和意志没有了或者减弱了。当抑郁症患者长时间体验到无助感（无法掌控自己的生活）、无价值感（没有价值和意义，少自己不少，多自己不多）、无望感（一成不变，暗无天日）时，就很容易产生放弃的念头。

3 大部分人的自我意志

人们有正向偏见这样的自我认知和信念，这种自我认知和信念决定了人们的行为，也就决定了人们有什么样的自我意志。我们先来看什么是自我意志，看一个心理实验你就马上明白了。心理学家先让被试为一个杯子定价，比如被试认为这个杯子值10元。然后免费把杯子送给被试。过了一小时后，研究人员问被试愿意多少钱把这个杯子卖掉。结果发现被试要15元才愿意把杯子给卖掉。杯子没有变，其中变的是什么呢？首先发生改变的是被试对杯子的情感，杯子成了我的，是我的一部分。杯子和自我发生关系后，随之而来的就是认为它和别的杯子不一样了，比别的杯子要好，认为它应该更值钱，这就是自我意志产生了。因为人们对自我存在正向偏见。所以，人们会认为自己的杯子比一般的杯子要好。所以，在自我意志的作用下被试想要把杯子卖15元。杯子依旧是那个杯子，而在被试心中的价值却提升了，这就是自我意志的作用。自我意志是自我的执念，和事实没有太大关系。就像玩游戏时，你一开始玩就想要赢。即使什么都得不到，你也会沉迷其中。这其中就是自我意志产生了，想要赢的执念本身在起作用。

自我意志产生后，一方面人们普遍以某种方式偏爱着自己已有的偏见，也就是对其产生情感，更相信、更偏爱自己的观点。这种心理现象叫作"偏见同化"，就是，我做了与自我信念（我是个好人，一个能够为别人伸出援手的人）不一致的行为，导致我后来再不断地做一些事情来证实自己没有做错，比如返回去、打电话问警察等。这些都是想要证明自己不是那样的人，事情并不是很严重。我骨子里偏爱着自己是个见义勇为的人的自我信念，遇到与其相左的事情时，我会努力地维护自我的信念。

另一方面，人们会积极主动地证实自己的自我信念，搜索能够证实自我信念的信息，做那些与自我信念一致的事情，而不是证伪它。这就是所谓的证实偏见，人们普遍偏好能够证实自我假设的信

第三部分
自我锁：持久地将大脑锁住

息，而不是那些否定假设的信息。我们再来看看，我们在生活中经常面临的一种局面。

男孩："你不应该穿这件有大花纹的衣服。"

女孩："可是我喜欢亮丽的颜色，因为这样显得很有活力！难道你不喜欢大花纹图案吗？"

男孩："我只是想教你穿得有点品位，我感觉素雅一点的图案更时尚。"

女孩："我是个很有品位的人啊！正是因为有品位才选择亮丽的大花纹图案。你感觉我没有品位吗？难道我穿成这样是为了丢人现眼吗？"

男孩："人人都以为自己有品位，可事实并不是这样的！"

在这段对话中，我们能看出两个人都认为自己是有品位的人，都在做着证实自己有品位的事情——女孩选择穿大花纹图案的衣服，而男孩指出女孩这样很没品位。他们都认为自己是有品位的人，并且都想要证明这一点。

你认为自己是怎样的人，你想成为怎样的人呢？诚实的人吗？聪明的人吗……无论你认为自己是怎样的人，或者想成为怎样的人，都需要你做出与这种人相一致的行为。你认为自己是个诚实的人，就会做一些诚实的事，比如对朋友不撒谎，对妻子忠诚等。你需要做一些事情，或者找到一些能证明自己是那样的人的证据和行为。当你认为自己是怎样的人时，你会倾向于关注那些与自我信念一致的信息和事物。心理学家托马斯·基洛维奇就说："检验涉及既定信念的证据时，人们往往看自己想看到的东西，并得出自己希望得到的结论。"

从上面的内容来看，人们的自我信念一旦产生，就会步入一种局面，即保持、进入一种状态——证实自己是那样的存在，或抗拒、逃离一种状态——避免自己成为与自我信念不一致的存在。变成、成为、证实、保持、持续、逃离、抗拒一种状态是人们普遍的自我意志。

第十四章
自我锁加密原则一：强势关联

1　如何与用户建立强势关联

一旦信息与自我建立关联，自我锁就会产生。自我锁中有一种加密方式就是让信息与自我建立强势关联。强势关联是将一件事、一个行为、一个状态、一个形象等与你整个人联系起来、等同起来。强势关联是信息触及了人们自我的核心，比如信息直指你是个好人还是个坏人。

锁脑

心理学家哈特·布兰顿和她的同事们做过一个实验。在第一个环节,他们将被试分为两组,让他们分别阅读一篇关于学生接种流感疫苗的新闻报道,而这篇报道有两个版本。

一个版本是绝大多数学生都主动接种了疫苗;另一个版本是绝大多数学生都不愿意接种疫苗。

设置这个环节的目的是在被试对大学生打疫苗这一行为没有认知的基础上,通过阅读这条报道在被试的大脑中植入关于大部分大学生对打疫苗这一行为的态度和认知是怎样的,也就是告诉被试某个行为(打疫苗)在某个群体(大学生)的社会规范是什么。

接下来进入第二个环节。研究人员让被试阅读一篇文章,内容是对愿意接种疫苗和不愿意接种疫苗这两种行为的评论,然后观察哪种评论对被试的影响更大。

一种评论将接种疫苗的行为与正面积极的人格特质关联起来,比如那些主动接种疫苗的人都是能为他人着想的人。

另一种评论将不愿意接种的行为与负面的人格特质关联起来,比如那些不愿意接种疫苗的人是不太能为他人着想的人。

这个环节是将接不接种疫苗与人格特质关联起来,让被试认识到接种疫苗和不接种疫苗的都是怎样的人。

实验结果发现,如果规范是大部分学生主动打疫苗,那么大家

第三部分
自我锁：持久地将大脑锁住

更容易被"不打疫苗（与规范相背的行为）是不为他人着想人"这样的评论影响，更容易主动去接种疫苗。这是因为当被试知道社会规范是大部分学生主动接种了疫苗时，他们更害怕如果自己不接种疫苗被边缘化的后果，让自己成为一个不为他人着想的人。这与人们的核心自我是相背离的，所以会积极主动接种疫苗，来保持自我的一致性，让自我避免负面的行为。

如果规范是大部分学生不打疫苗，那么大家更容易受到"打疫苗（与规范相背的行为）是为他人着想的人"这样的评论影响。这是信息让人们认识到某种行为正在威胁到自我的正面人格特质。人们为了让行为与积极正面自我认知保持一致，所以主动追随与正面的人格特质相关联的行为，即主动接种疫苗，让行为符合自我正面的人格特质。

这是被试在不知道社会规范是什么的情况下，对他们植入一个信念，再与人格特质关联后产生的效果。他们也通过实验证实了，如果被试对一些行为已经形成信念，比如被试认为学生应该主动接种疫苗，或者他们认为学生不应该接种疫苗，再将接种疫苗这一行为与人格特质关联起来，也会产生与以上实验相同的结果。对违背社会规范行为的人格特质的评价，对被试的影响更大。

其实，之所以人们对违背社会规范行为的人格特质的评价对被试的影响更大，有两个方面的因素：一方面是人们会衡量违背社会规范的代价和好处。违背社会规范行为的人格特质的评价，让人们感受到了强烈的"失"情感，所以对人们的影响更大；另一方面，人们为了维持自我信念和认知的一致性，让自己符合自我认知，要尽量做一个好人。这其中能够精准地与人们在意的人格特质建立的关联就是强势关联。建立强势关联，人们就会自觉自动地围绕自我信念去调整自己的行为。

如果你想让公司里的一些工作存在倦怠感的员工，更加积极主动地投入到工作中去，就可以将工作倦怠这一行为与自我建立强势关联，从而改变他们的工作态度。你可以这样说，"大部分员工都在充分利用有效工作时间"，这是社会规范支持的行为。然后你可以说，"那些不能全情投入工作的人，是责任心不强的人"，这是与人格特质建立关联。你还可以进一步去解释为什么，一方面拖了其他员工的后腿，对同事的劳动成果不负责任；另一方面对自己的工作岗位和生活不负责任。这样一剂猛药灌进那些对工作有倦怠感的人的大脑里，他们会很容易对自己的行为进行反思，从而积极主动地调整自己的工作态度。

2　和你一样的大多数

我们都知道看一个人是什么样的人，看他说什么、做什么、用什么、交什么朋友就可以。人们只能通过他人的言行举止去认识和了解一个人，所以你的行为就在告诉自己和他人你是怎样的人。你自己和他人也是这样来定义自己的。这是因为人们通过对你的言行

第三部分
自我锁：持久地将大脑锁住

举止赋予意义和情感来认识和理解你这个人，而这其中的意义和情感很多时候是约定俗成的，比如你在写文案的时候，总是要检查好几遍，人们会根据这种行为认为你是个认真的、可靠的人；你很喜欢给流浪猫喂食物，人们就会认为你是个很有爱心的人等。这都是人们为一个行为、一个现象赋予了意义。

建立强势关联的第一步就是，先让某个行为与目标群体建立关联，即你想要改变人们的某种行为或者状态。每个商家的目标都是希望用户来使用自己的产品，那我们就以如何让用户使用自己的产品为例来理解如何锁定一个群体和行为。比如商家想要让CBD的白领习惯喝星巴克的现磨咖啡，而不是速溶咖啡。那么，该如何让喝星巴克咖啡与都市白领产生强势关联呢？

和一个同事在星巴克喝咖啡的时候，他曾说过一句话，我感觉可以把它设计为都市白领的规范行为。他说："星巴克咖啡、iPhone手机和苹果超薄笔记本，是都市白领的三大标配。你看看那些喝咖啡的人，大部分用的是苹果的产品，不用苹果的产品都不好意思来星巴克喝咖啡。"听到这话，我先是不解他是从哪里得来的这样一条"谬论"，人们是怎样把这三种产品绑在一起的？不过，当我留意了一下喝咖啡的人大部分都在用苹果的产品时，也就不再质疑他的这种说法了。

他的这句话提醒了我，喝星巴克咖啡已经是都市白领的标配了。这时我们就完成了喝星巴克咖啡与都市白领产生强势关联的第一步。

将一个行为与一个人群建立普遍关系，也就是喝星巴克咖啡是都市白领的标配。大部分都市白领都在喝星巴克咖啡，这是一种都市白领的规范行为。

这里面有三个强调的重点：其一是找准改变的目标人群。这很重要，因为这样将涉及接下来建立的关联是否是强势关联。其二就是设定改变行为和状态——使用产品的行为，做不做某事的行为等。其三，在你的表述中将行为和群体建立一种普遍的关系，比如星巴克咖啡是都市白领的标配。这其中群体是都市白领，改变的行为是喝星巴克咖啡，普遍关系是标配。这里要把一个行为和状态描述成该群体常见、普遍、大多数的行为。做完这些，就完成了将喝星巴克咖啡与都市白领建立强势关联的第一步。

这里有一点要注意的是，很多时候不能通过强调社会规范，来影响他人的行为。这是因为很多人在寻求自我的独特性，当你在强调社会规范的时候，有些人会认为自己就不随大流，就要保持自己的个性。比如大部分人都接种了疫苗，我就不接种，我就是要和别人不一样。所以单独强调社会规范，有时是不能产生强势关联的。

3 向中心收缩：个性化锁定

首先我要和大家分享一个我的经历。有一次，我和朋友去一家餐厅吃饭，发现门口有很多人在排队。我拿到的是16号，前面排着

第三部分
自我锁：持久地将大脑锁住

举止赋予意义和情感来认识和理解你这个人，而这其中的意义和情感很多时候是约定俗成的，比如你在写文案的时候，总是要检查好几遍，人们会根据这种行为认为你是个认真的、可靠的人；你很喜欢给流浪猫喂食物，人们就会认为你是个很有爱心的人等。这都是人们为一个行为、一个现象赋予了意义。

建立强势关联的第一步就是，先让某个行为与目标群体建立关联，即你想要改变人们的某种行为或者状态。每个商家的目标都是希望用户来使用自己的产品，那我们就以如何让用户使用自己的产品为例来理解如何锁定一个群体和行为。比如商家想要让 CBD 的白领习惯喝星巴克的现磨咖啡，而不是速溶咖啡。那么，该如何让喝星巴克咖啡与都市白领产生强势关联呢？

和一个同事在星巴克喝咖啡的时候，他曾说过一句话，我感觉可以把它设计为都市白领的规范行为。他说："星巴克咖啡、iPhone 手机和苹果超薄笔记本，是都市白领的三大标配。你看看那些喝咖啡的人，大部分用的是苹果的产品，不用苹果的产品都不好意思来星巴克喝咖啡。"听到这话，我先是不解他是从哪里得来的这样一条"谬论"，人们是怎样把这三种产品绑在一起的？不过，当我留意了一下喝咖啡的人大部分都在用苹果的产品时，也就不再质疑他的这种说法了。

他的这句话提醒了我，喝星巴克咖啡已经是都市白领的标配了。这时我们就完成了喝星巴克咖啡与都市白领产生强势关联的第一步。

将一个行为与一个人群建立普遍关系，也就是喝星巴克咖啡是都市白领的标配。大部分都市白领都在喝星巴克咖啡，这是一种都市白领的规范行为。

这里面有三个强调的重点：其一是找准改变的目标人群。这很重要，因为这样将涉及接下来建立的关联是否是强势关联。其二就是设定改变行为和状态——使用产品的行为，做不做某事的行为等。其三，在你的表述中将行为和群体建立一种普遍的关系，比如星巴克咖啡是都市白领的标配。这其中群体是都市白领，改变的行为是喝星巴克咖啡，普遍关系是标配。这里要把一个行为和状态描述成该群体常见、普遍、大多数的行为。做完这些，就完成了将喝星巴克咖啡与都市白领建立强势关联的第一步。

这里有一点要注意的是，很多时候不能通过强调社会规范，来影响他人的行为。这是因为很多人在寻求自我的独特性，当你在强调社会规范的时候，有些人会认为自己就不随大流，就要保持自己的个性。比如大部分人都接种了疫苗，我就不接种，我就是要和别人不一样。所以单独强调社会规范，有时是不能产生强势关联的。

3 向中心收缩：个性化锁定

首先我要和大家分享一个我的经历。有一次，我和朋友去一家餐厅吃饭，发现门口有很多人在排队。我拿到的是 16 号，前面排着

第三部分
自我锁：持久地将大脑锁住

8桌客人。大家都坐在餐厅门口的凳子上等着叫号。这时，如果你是个细心的人，会发现每个排队的客人都多少有点焦虑，担心服务员会错过自己叫了别人的号。这时负责叫号的服务员抽空走到我的面前看了一下我的号说："你是16号，一会儿轮到你了，我叫你。"别看她只是简单跟我打了个招呼，但是效果很明显。她的行为瞬间就打消了我心中的焦虑。她让我感觉得到了特殊待遇，感觉服务员特意记了我的号，我不会被别人插队。这就是当人们得到一对一的关注时，会获得一种强烈的亲近感和满足感。信息要想再进一步与人们建立更紧密的关系，就需要提升信息中的个性化因素。这样的话可以大大提升人们对信息的关注和对用户的影响。

大部分的酒店都希望顾客能够重复使用毛巾，这样可以节约用水和洗涤剂，以及人力上的开销，甚至是对毛巾的磨损。重复使用酒店的毛巾是个环保的行为。但是，即便酒店在显眼的位置放置提示牌，鼓励大家重复使用毛巾，仍然收效甚微。

加州大学洛杉矶分校的心理学家诺亚·戈尔斯坦（Noah J. Goldstein）通过一项研究发现，只要对提示牌上的标语做个小小的改动就会对顾客产生很大的影响，促使更多顾客重复使用酒店的毛巾。他是怎么做的呢？那就是把提示语设计得更具个性化，这样一来顾客就会更愿意重复使用毛巾。比如，当提示语是"酒店的大部分客人都会重复使用毛巾"，这样一来大约26%的客人会重复使用毛巾。那么，如果提示语是"住过此房间的客人大部分都会重复使用毛巾"，这时信息针对的是顾客自己住的这个房间，是特指"我"

住的这个房间。这样一来愿意重复使用毛巾的顾客增加了33%。当信息精准地指向个人的时候，信息对人们的影响强度将会增加，信息对个人的影响越强烈，效果越好。

生活中常常会看到小区的垃圾桶旁有这样的提示"请您把垃圾分类投放"。垃圾桶上也贴有垃圾分类的图标。但是，我发现这样的提示对大家来说形同虚设。垃圾还是乱七八糟地放在各个垃圾桶里。如果借助以上的"中心收缩原则"，效果会不会好一点些呢？比如垃圾桶边上的信息可以这样写"您所在的小区（这栋楼或这个单元）的大部分住户都已经做到了垃圾分类投放"。把信息的范围向个人的中心收缩，精准指向个人，信号的效果可能会大大提升。

这其中的"向中心收缩"就是个性化。那么，如何做到个性化呢？那就是与个人信息建立关联，这样一来信息的个性化就会增强。比如与个人的年龄、生日、同学、姓氏、出生地、同样的经历等信息联系起来，只要这样的线索出现在信息中，用户就会体验到个性化，都能将个人锁定。人们会特别关注和重视那些与自我相关的人或事，这种现象被称为内隐自大。无论是姓名、出生地、同样的经历等，人们都能对其产生好感和亲近感。信息越往自我中心收缩，对人们的吸引力和影响就越大。

有一次在星巴克喝咖啡的时候，买完咖啡，服务员问我贵姓，我先愣了一下，然后说"姓程"，只见她用笔在杯子上写了"程先生"。其实，他们是怕人多容易搞混才在杯子上标上姓氏。这样咖啡

第三部分
自我锁：持久地将大脑锁住

做好后，他们会根据你的姓氏呼叫你"程先生，你的卡布奇诺做好了"。这就是一种个性化提升的案例。这样做，不会让消费者认为他们会搞混，把同样的咖啡给了后来的人。服务员用你的姓称呼你，会一下子拉近你和星巴克的距离。这就是信息在个性化后，让人们产生了好感。

可口可乐曾在国外的一些市场上推出过印有最常见名字的可乐，比如迈克、杰克等，这样的举措让可口可乐的销量在很多国家得到了新的增长。可见这种个性化服务的效果显而易见的。还有的手机新闻资讯客户端，是按照用户所在的地域进行内容匹配的，就比如我在北京，系统会自动为我发送北京发生的资讯和新闻。这也是信息个性化的策略，也符合我对信息的需求。因为我只关心与我相关的信息，就像今日头条的广告语是"你关心的，才是头条"。所以，建立强势关联，个性化增强是非常重要的一个环节。

4　人格化你的信息

这里我们来思考一个问题，如果信息指向了个人，同时再指出个人是个怎样的人，会不会效果更好呢？这是肯定的。

在蒙莫斯大学心理学家的一项研究中，研究人员想搞明白什么因素会影响到顾客给的小费的多少。研究人员让服务员在给顾客账单的时候，随手递给顾客一颗包装精美的巧克力。结果发现，顾客给的小费比没有得到巧克力的时候平均增加了2%左右。这就像你在海底捞吃饭的时候，吃完饭他们会给你一块口香糖，这也是提升个性化服务的行为。这会不会提升你对海底捞的好评呢？当然是会的。

在接下来，研究人员对这个版本进行了升级，结果发现效果也得到了大大的提升。他们让服务员在给完顾客巧克力后，假装走向另一桌顾客的时候，转过身来再重新回到顾客身边，对顾客说"你是一位非常善良的顾客，一颗巧克力并不够"，随后又给顾客加了一颗巧克力。

结果发现，拿到两颗巧克力的顾客比只拿到一颗的顾客，给的小费普遍高出很多。这就是当信息指向顾客是个怎样的人的时候，信息的效果大大增强了，顾客会更愿意给服务员更多小费。

建立强势关联的最后一个环节就是将行为和状态与用户的整个人等同起来，也就是你这样做或者不这样做就意味着你是个怎样的人。这个环节就是人格化，将行为或者状态与人格特质建立关联。

你是怎样的人？诚实的、为他人着想的、时尚的、有爱的等，你怎么证明你是那样的人呢？大部分人格化的特质都是模糊的概念。如果不与具体的行为关联起来，你是无法证明自己是否是那样的人的。你之所以认为自己是个时尚的人，是因为你穿了商家赋予时尚概念的衣服。你之所以认为自己是个诚实的人，是因为你想到自己从来都会按时给信用卡还款等。人们为了证实自己是怎样的人会习

第三部分
自我锁：持久地将大脑锁住

惯性地寻找或者做与该人格特质相关的行为。

接下来我们进入建立强势关联的下一步——人格化。大部分白领最在意自己是什么样的人呢？那就是自己是否是有品位的、时尚的人。那么，接下来要做的就是将喝不喝星巴克咖啡与自己是不是个有品位的人关联起来。就比如"星巴克咖啡已经是都市白领的标配了，你的品位升级了吗？"这句话暗示着作为一个不喝星巴克咖啡的白领，是跟不上潮流的人，是很没有品位的人，你正在偏离自己的群体。这样的关联会让那些都市白领效仿这种行为，因为他们大部分人都渴望自己是有品位的人，认为自己是有品位的都市白领。那么，怎么证明你是有品位的都市白领呢，当然是要做符合都市白领形象的行为，比如习惯喝星巴克的现磨咖啡。

这里我们要强调一点，在信息人格化的过程中一定要避免直接指出人们不符合规范的行为是不妥的、错误的。比如不喝星巴克咖啡的人是没有品位的人，这会引起人们的逆反心理。这一点我们在下一章会具体讲到。在人格化的过程中，只要旁敲侧击的暗示就能达到想要的效果。因为人们对那些暗示着自己是怎样的人的信息是非常敏感的，不能指名道姓、直截了当。人格化这个环节很关键，不然整个强势关联的过程将前功尽弃。

另外一个关键点是，群体要在意和看重这种人格特质才能建立强势关联。也就是群体和人格特质要达到精准匹配，才能达到情感共鸣。如果你对60岁的老太太说小资有品位，她们是不会产生情感共鸣的。她们更在乎是不是便宜实惠，如果有选择的话她们更愿意去喝茶，而不是喝有点贵的星巴克咖啡。不同的人群看重的人格特质是不一样的，所以，强势关联是将群体与他们在意的人格特质精准匹配的结果。

还有一种人格化的方法就是把产品和信息直接人格化，而不是与人格化关联在一起。直接人格化就是用个人化的语言来描述和表达产品，让产品说出自己的人格特征，也就是用拟人化的方式来描述产品。比如星巴克的咖啡很时尚，奥迪的汽车很稳重。直接告诉用户我有某种人格特质，这样一来那些在乎这方面人格特质的用户在接触到这样的信息时，就会自动的与自我建立关联，认为这是我的"菜"。

5　强势关联是情感强势增强

强势关联是在引导用户关注自己的感觉而不是行为。比如将喝咖啡这个行为，引导向对星巴克咖啡的喜好的感觉，再引向咖啡让我感觉自己是好是坏。

当看到厨房里的一块蛋糕时，你的情感并不是非常强烈，只有简单的喜欢和不喜欢。要想增强你对这块蛋糕的情感，我只需要告诉你这块蛋糕上刚爬过一只蟑螂，你顿时就会产生强烈的情感——恶心。但是，这种情感还不是最强烈的，如果说这块蛋糕上会爬过

第三部分
自我锁：持久地将大脑锁住

蟑螂，是因为你不注意卫生，懒得打扫厨房的卫生，招来了很多蟑螂。这时，这种情感就会再次提升，因为这意味着你是个懒惰的人，你会产生一种自我厌恶感。这种厌恶感的指向就变了，从厌恶蛋糕变成了厌恶自我。这时，一块蛋糕引发的情感就得到了进一步的强势增强。情感的增强是对人们影响效果的增强。

大米花你喜不喜欢吃呢？不同的人对它有不同的喜好，大部分孩子都对它爱不释手。提到大米花，人们就会对其产生喜不喜欢、好不好的偏好和情感。但是，这时人们对大米花的情感并不是最强的，它还可以变得更强。我记得在一个大米花的包装上写着这样的一段话："给你一个爱上我的理由。该产品添加了橄榄油、花青素和非活性益生菌，很健康很美味。"产品在告诉你这其中添加了橄榄油、花青素、非活性益生菌这些有益健康的成分。这在暗示你买这款产品就是在买健康。也就是说，吃它就能有一个理想中的好身体。这时你也只是认为可以放心给孩子们吃。添加了橄榄油、花青素、非活性益生菌这些有益健康的成分，这些信息的情感还不是最强的。而如果将产品与自己是怎样的人关联起来，你在使用产品的时候就会有一种强烈的自我良好的感觉。你可以感受一下，"这袋大米花口感真好"与有人说"你真是个会选东西的妈妈，选袋大米花都在为孩子的健康着想"，这两种感觉哪种对你影响更大？肯定是后者。这就是情感的不断增强，造成的信息影响强度的增强。

在强势关联中这种情感的增强，指向的对象有两个，一个是自己，一个他人。也就是说，让自己感受到自己是怎样的人，还是让他人感受到自己是怎样的人。情感到达的对象的设定决定了你在设计和传播信息的时候的方式。这也决定了你的信息是否能够有效地增强。

"好丽友有仁有朋友""孝敬爸妈就送脑白金",这些就是让自己感受到,也让别人感受到自己是怎样的人的产品人格化的案例。而这种模式需要大力宣传才能实现这种效果,所以脑白金和好丽友都投入了大量的广告,这是为了送礼和收礼、分享和被分享的人都能感受到这种人格特质。也就是送礼的和分享的人知道自己在表达什么,而收礼和接受分享的人也知道你是什么意图。

其实,很多时候微信就是一种情感多向传达的工具。你会发现有一群人他们经常会转发一些公众号文章,比如像"干销售,最重要的就是熬""离开平台你什么都不是,很多员工看完都踏实地工作了""男人,要像狼一样,充满血性"等,你认为这些人转发这些信息是为了激励自己吗?有激励自己的因素在里面,想让自己成为那样的人,但是更多时候是为了向别人展示,在暗示自己的同时也暗示他人。转发信息为了暗示别人要做这样的人,让这种情感到达他人那里,这其中有控制他人的目的。

我曾看过一个女性饮料的广告,一个女孩喝了这种饮料,鼓起勇气去亲了自己的暗恋的男孩。这个广告暗示着只要喝了这个饮料就会成为一个勇敢的、胆大的、不再羞涩的女孩,就能大胆地表达和追求自己的爱。如果没有看过这个广告的男孩遇到这样的事情,

第三部分
自我锁：持久地将大脑锁住

一定会被吓到，一定会认为女孩疯了。我想每个喝这种饮料的人并不是想把自己的暗恋对象吓跑，而是为了勇敢表达自己的爱意。所以，这告诉我们要想达到广告中的效果，既表达了自己的爱意，也不让男孩感觉自己是个疯疯癫癫的女孩，这个广告的情感就要做到多向传达，让表达爱意的人和接受表达的人都明白过程中要表达的情感，知道他人这样的行为是在做什么。当男孩在接受女孩的吻的时候，看到女孩手中的饮料就会明白，是饮料的作用才让女孩鼓起勇气向自己示爱的。这说明女孩骨子里还是个内敛羞涩的人，为了追求自己的所爱，聪明的女孩选择了能赐予自己勇气和力量的饮料。

所以，这个广告要想达到情感多向传达的目的，让女孩表达的爱意不被误解，就需要让表达情感者和接受情感者都能看到这条广告。这条广告是我无意间在网上看到的，广告投放量和覆盖率如果达不到一定的范围，效果就不会很好。而脑白金和好丽友之所以成功是因为它们投入了大量的广告费，广告的覆盖面太密集且精准，这足以实现情感的多向传达，让收礼的人和送礼的人都知道送礼的用意。

总之，在情感增强的时候，情感传达的对象一定要精准设定，不然信息还是无效的信息。

第十五章
自我锁加密原则二：进入的渴望

1 自我是进入某种状态的执念

就像萨特说的那样，自我不是一个已经完成的东西，它是一个需要在未来不断完善的状态，所以自我始终是存在于未来的。自我是一种进入某种美好状态的意志和执念，也可以说：自我的意志是表明、证明、证实"我"是一种美好的存在。

这里我们要记住的是，人们追寻的是一个不存在的东西，是自

第三部分
自我锁：持久地将大脑锁住

我的意志和执念本身。人们的自我意志和执念越强烈，自我感越强烈。自我是需要不断投入意志和努力去完善和感受的东西。也可以说你的意志不存在，自我就不存在。比如当你感觉喝咖啡可以让自我感觉良好的时候，这时你为了感受和证实那种美好的自我状态存在，所以你在这种自我意志的推动下走进咖啡厅，走进那种温馨的情景，去消费一种情景，从而让自己感受到自己是一种美好的存在。但是，走出那样的情景，你又回到了现实中。那种美好的感觉变成记忆，这种记忆中的美好感觉会成为启动你再次消费的动力。在这种自我感觉美好的循环促使下你会不断地想要去咖啡厅消费，去感受自我美好的存在。自我所谓的美好需要通过外在实物和形式或者内在的想象来感受和呈现，可见、可触摸，也就会变得实在可感受，即存在。自我意志需要人们借助不一同的形式、符号、情景、想法来实现和承载。一切的情景、产品、符号、观念等都是进入另一种自我状态的指示符号，当你沿着这些信息的指示前行的时候，就走进了自我意志的世界。

人们在当下最大的渴望和意志就是掌控下一秒、明天、未来发生的事情，竭尽所能地把自己变成自我渴望的样子。自我的意志就是试图将自己精确地放进一种模式里，一种指向美好未来的模式。这种模式往往符合这样的结构，那就是"如果你怎样，就会怎样，即实现自我"。所以，人们大部分的渴望都符合这样的公式——一旦你进入某种情景，一旦你拥有什么东西，一旦你进入某个群体，一旦你想到什么……，你就会成为美好的自我。所有的营销模式都是在把产品放进这种模式里。

2　增强仪式感

通过仪式增强情感

自我渴望进入区别于常态或者优于常态的状态,而仪式感就是制造区别于常态的一种方式。当产品和信息成为仪式中的一部分,或者是用户在使用产品的时候带有仪式感,人们就能从这种产品中体验到强烈的情感。仪式感的增强可以激起人们进入某种状态和得到某物的渴望。

很多人会简单地理解仪式感,认为是形式上的不同,这是一种错误的理解。仪式感既包括形式也包括内容。仪式需要借助某种形式或符号才能呈现出来。仪式中的形式丰富多样,比如在心中默默祈祷、过节家人团聚、看电影、旅行、发红包、吃饺子等。仪式中的符号也有很多,比如鞭炮、对联、红色,或者默默祈祷时脑海中所闪现的词语,以及"过年好"等这样的问候,这些具有象征意义的符号都是构成仪式的要素。这里我们要特别强调一下,有些仪式我们是看不见的,它发生在大脑中,不是外在的。比如运动员在比赛之前在大脑中回想比赛流程,又或者在大脑中默默地祈祷上帝保佑等。我们在脑海中借助画面、词语等符号展开的形式,也是仪式的一种。

第三部分
自我锁：持久地将大脑锁住

仪式感可以简单理解为人们从一种仪式中获得的感觉。而仪式则是人们为了达到某种目的，刻意进行的某种形式上的行为。有这样一句名言，"跪下，默默地祈祷，你就会感受到（相信）上帝"，这句话就是仪式感的真正写照。人们可以通过一些仪式，启动一种情感，这就是仪式感。仪式的目的往往是为了获得一种感觉。当人们融入借助形式或符号营造的仪式氛围之中时，就会启动自我感，让自己感知到自己是一种不一样的存在。人们痴迷于仪式，就是为了体验仪式带来的各种情感。这些情感强化了人们的自我。那么仪式都能启动我们的哪些情感呢？

变得重要

哈佛商学院的教授们，针对仪式对人们的影响做过一系列的研究。在其中一个实验里，研究人员让被试做一些会让他们感到紧张的事情，比如解答比较复杂的数学题或者当众唱歌。其中一组被试，直接做了这些让人紧张的事情。另一组被试，在做这些事情之前，按照提示举行了一些仪式，比如让他们把自己的感觉画成一幅画，在上面撒上盐，然后把画撕成碎片等。这些仪式都是随意编排的，没有任何意义。

在实验完成后，研究人员对被试们的心率和唾液进行了测试，用于观察他们的心理变化。最终，他们发现举行了仪式的被试，生理唤起降低了，也就是变得没有那么紧张了，在任务中的表现会更加自信和优秀。而那些没有举行仪式的被试表现得就没有这么理想。

研究人员认为，通过仪式可以让人们调整到一种"我将要做这件事"的状态，或者说是"我在做某事"的状态。

很多足球运动员和篮球运动员，在上场之前，都会将手臂互相搭在队友肩上，围成一圈，俯下身子，默默地祈祷片刻，然后高喊一声，迅速闪开各自跑向自己的位置。他们借助这种仪式让自己快速进入战斗状态。另外，我认识的一些专业是播音的朋友，他们在录音之前都会先清清嗓子，然后放松嘴唇吐气，发出吐吐的声音等，这都是为了达到同样的效果。那么这样的仪式会让人们体验到什么感觉呢？

首先，人们在做一件事情之前做一些仪式，可以暗示自己正要做一件重要的事情。仪式就是我们要认真对待将要做的事情的表达方式。仪式首先让我们体验到的是重要感。也可以说，有仪式介入的时候，事情自然会变得重要。另外，当人们在进行仪式的时候会有一种连接的作用。足球运动员上场前的仪式，很多时候，他们是试图与某种神秘力量获得连接，暗示着自己在做一件重要的事情，希望能得到上天的眷顾。

人们试图通过仪式这种刻意的行为，将自己带入一种预设的状态——专注、认真。反过来也可以这样理解，仪式可以让一件事情对我们来说变得重要，让我们全身心地投入其中，认真对待。如果商家能够在营销的过程中，或者在产品的使用过程中融入仪式，就可以唤起消费者心中的重要感，让消费者感觉自己在做一件重要的

第三部分
自我锁：持久地将大脑锁住

事情或决定。仪式能够增强消费者对自己消费决策的自信心理，从而更加认可品牌的价值。因为先有重要性才有价值。所以在春节这个重要的仪式中，什么事情都会变得重要了，比如回家、旅游、购物、看电影等。我们在做一件重要的事情，当然花再多的钱也是小事情，所以仪式就成了你花钱不心痛的理由。

从重要感来看，人们在做某件事情的时候加入刻意的步骤和元素，比如吃饭前刻意去祈祷，这让人们珍惜这顿饭来之不易，这样一来事情就会变得重要。

变得专业和安全

一个朋友为了赶时髦，参加了一个红酒沙龙。学完没多久，他就请大家到家里喝酒。首先和以往不同的是，他这次精心准备了一套工具，他说这套工具是专门用来喝红酒的。看着他在那里忙活，大家觉得他是有些许专家的样子了。当大家端起酒杯喝酒的时候，有的人咕咚一下就把酒全部倒进了肚子里。他开玩笑说，这是喝二锅头的节奏。接着他便给大家做了一个示范。他先是仔细地看了看杯中的酒，然后又摇晃了几下酒杯，接着闻了闻，最后才把酒喝到嘴里，但是并没有直接咽下去，而是让酒在嘴中停留了片刻，才咽了下去。大家顿时觉得他很会喝酒、很专业，于是纷纷开始请教他关于红酒的一些知识。如果你常去酒吧，就会看到调酒师各种花式的调酒招式。这样的仪式感不但让人感觉他们很专业，就连你喝酒的感觉也会变得不一样，你会觉得酒好喝很多。这就是仪式的作用。

仪式除了能启动重要感，还可以唤起专业感。仪式会让人们感觉你是专业的，是个行家。也让人们感觉自己享受着一种专业的待遇。专业就是价值的体现，专业就是安全的保障。给人以专业感，会让人们感觉你值得信赖，值得托付。所以有很多企业在产品的生产过程中融入仪式感，以此来体现企业和产品的专业。

如果你看过《舌尖上的中国》，你就会发现，播出的每集里的每一种食物都很诱人，每一位厨师的手艺都很精湛。这其中就是因为导演在编排的时候加强了食物制作过程的仪式感，每一个小小的环节都被放大，强调了其中的意义。其中一种食物让我记忆犹新，它就是挂面的继承人西北张爷爷做的挂面。整个制作过程可以算是讲究，一看老爷爷就是很在行、很懂，看完后我一直想去尝尝。这就是仪式感唤起了我渴望。后来我还是特意到西贝莜面村尝了尝，也许是受到节目的影响，让我对面条期待过高，在吃面的时候并没有让我感到特别的惊喜，就是一碗精致的面，口感也不是很特别。总之，没有我看节目时想象的那么好吃。正是节目中的仪式感彰显了老爷爷专业、精湛的技艺，仪式感营造了信任的基础，以及质量和产品生命力的保证，这让我非常渴望去尝试。仪式感启动了我们的渴望，这就是节目的成功和张爷爷的成功。

所以，要想仪式感增强，就要把使用和制作过程的重要步骤独立出来，放大细节，强调其意义，这样可以让事情有段落感，而不是囫囵吞枣。

第三部分
自我锁：持久地将大脑锁住

感到幸福和享受

在电影《蒂凡尼的早餐》里，奥黛丽·赫本扮演的女主角霍莉穿着黑色小礼服，戴着假珠宝，刻意一大早来到蒂凡尼精美的橱窗前，拿出自己准备的早餐——一杯热咖啡和一块面包。一边观赏着橱窗里奢华的珠宝，一边吃着自己的早餐，一脸幸福的样子。这样的仪式把平日里非常普通的一顿早餐变得截然不同，让她非常享受。这就是将一些普通的事物和高尚、高贵的事物放在一起，普通的事物就会瞬间变得不一样，对普通的东西的体验就会改变。霍莉在蒂凡尼的橱窗前吃一个普通的面包感觉就会变得美好，这就是前面讲到的情感匹配的结果。这就像你穿着一套意大利名牌西服在路边吃煎饼果子，这套西服会让你吃煎饼的时候变得严肃和优雅。

哈弗商学院的教授诺顿曾举过一个例子。如果顾客在用餐的时候，服务生为顾客打开一瓶葡萄酒，并倒出一些在酒杯中，供顾客品尝。这样的话顾客就更愿意给更多的小费。而如果没有服务生开瓶、倒酒、供顾客品尝这样的仪式，而是顾客自己开瓶，那么顾客的满意度会大大降低。诺顿认为："仪式是人们提升幸福感的一种方式。如果能够说服人们更好地举行仪式，人们就会更快乐。"通过一些仪式，会让人们更享受一件普通的事情。这其中顾客之所以感到幸福，是因为这些仪式象征着自己在享受一种至高无上的待遇，开瓶、倒酒、供顾客品尝这是高级服务才会有的待遇。特别的待遇会让顾客感受到强烈的情感——自己是高贵的存在。高贵的存在当然就不能有吝啬的行为，所以小费就会给得多。

星巴克在很大程度上也是在做一种有仪式感的产品。星巴克的整个设计从环境装饰、餐桌的布置和选择，到专用的星巴克咖啡的沟通语言环境、播放的音乐，到芳香的咖啡的味道等，这里的一切都是精心设计的，都在传达着一种神秘时尚的情感。星巴克就是一个时尚神秘浪漫的环境。你刻意来到这里，打开笔记本，一边喝咖啡一边写东西，整个过程的仪式都增强了。只要你沉浸在其中就能体验到不同于平日生活的美好感和幸福感。

仪式不但让我们感到事情重要，能够享受它，信赖它，感到美好和幸福，还会让一件事情变得神圣和庄重。当国歌响起，国旗升起的时候，就是在强化祖国的神圣；当我们烧香求佛的时候，是在强化佛的神圣；当春节即将来临，我们忙碌着准备过节的东西，忙碌着回家的时候，就是在强化家的神圣；当我们通过特意地精心打扮，穿着礼服走进音乐厅的时候，就是在强化歌剧的神圣和庄重，等等。

当商家在产品中导入庄重的仪式时，就在产品中导入了神圣和庄重感。这样就使产品的价值远远地超越了它的实际价值。这就好比有了结婚的仪式和求婚的仪式，钻石就不再只是一块昂贵的石头，而是一种永恒感和神圣感的承载；有了情人节，玫瑰就不再只是批发只要两元一朵的花，而成了爱和幸福的承载；有了星巴克的符号，以及在星巴克喝咖啡的仪式，一杯十几元的咖啡就变得不再只是一

第三部分
自我锁：持久地将大脑锁住

杯咖啡，而成了自己快乐和时尚的承载。所以，在商业行为中导入仪式，是可以让一件普通的产品价值超凡的行为。

在仪式中想要让用户感到幸福就与美好，就要与代表幸福和美好的符号、事物、形象、情景联系起来。蒂凡尼是个高贵奢侈的符号，服务生的服务是高贵的象征，这也让普通的面包和红酒变得不一样。要想让用户感到浪漫神秘，就要与象征浪漫神秘的符号、事物、形象、情景联系起来。比如星巴克是个神秘浪漫元素的集合，它让用户感到神秘浪漫的情感。要想让用户感到神圣庄重，就要与象征神圣庄重的符号、事物、形象、情景联系起来。婚姻、国歌、神都是象征神圣庄重的符号和概念，它们让人们体验到神圣和庄重感。怎么做完全要看你想让用户体验到什么情感。所以精准设计仪式中带有情感的符号和元素是至关重要的。奥利奥"扭一扭，舔一舔，泡一泡"的吃法，就是借助了一种游戏的符号和形式。这种仪式用在儿童喜欢的饼干中是非常匹配的。如果用到成人的消费中，恐怕效果就会差很多，会显得做作。人们体验到的情感是带有情感的符号、形象启动和实现的，仪式感是与带有情感的符号关联的结果。

仪式增强了人们的意志

在《小王子》这本书中，小王子为了驯服一只狐狸，需要经常见面。一次，狐狸说"你来的时候最好通知我一声，或者我们约定一个时间。比如说，我们预定你下午四点钟来，那么我从三点钟起就会开始感到幸福。随着时间的临近，我的幸福感就会越来越强烈。到了四点钟的时候，我就会坐立不安。但是，如果你随便什么时候来，我就不知道在什么时候该准备好我的心情……我们的见面应该有一个仪式。"

从狐狸和小王子的对话中不难看出，仪式感的设置会增强人们的期待感。仪式增强了人们进入一个状态，感受一种状态的渴望。就像看到张爷爷制作拉面过程，会让我有一种强烈的期待，想要去体验画面描绘的美好。正是有了期待，人们才更看重一件事情，也更希望用一种仪式去表达。比如，狐狸说小王子四点来，它三点就会感觉幸福，到了四点就开始坐立不安。这就是仪式对人们心理的影响。又比如我们买了第二天晚上8点的电影票，从下订单的那一刻开始，我们就有了一种期待，伴随着期待感我们会展开一系列的仪式。我们从第二天一大早，就开始期待晚上看电影。刚到下午我们就要想晚上看电影穿什么衣服。随着时间的临近，我们开始精心打扮自己。然后早早吃过晚饭，急切地来到电影院，盯着墙上的时间表，期待检票的时间……而在家里用电脑看电影是不会有这样强烈的期待感的。

仪式感中不单单是在进行的时候让人体验到强烈的情感，更重要的是仪式启动了人们的期待感。对事物的期待是促使人们做出各种行动的动力。想一想，春节是个仪式感极其强的节日。全国人民有将近6亿人次的出行，可想而知人们的期待是多么强烈。

第三部分
自我锁：持久地将大脑锁住

当我们确定一件美好重要的事情即将发生的时候，会产生一种强烈的期待感，非常渴望能够进入这样的状态。这样的期待让我们进入一种仪式感极强的状态。我们一直在说什么时候人们的感觉最强烈，那就是一种意志和执念产生的时候。而仪式中一个个环节和过程就是在让这种执念叠加，就是在让这种感觉增强。我在这里要强调的是，自我意志才是激起人们进入渴望的动力。

在商业行为的应用中，预约消费是一种让人既有仪式感，又有期待感的行为。比如你预约什么时间做头发，从预约的那一刻起，你就会开始期待。这次做头发就成了一场让你倍加渴望的仪式，比随意地去做头发的感觉要强烈得多。同时预约消费也能体现出客户身份的尊贵，因为这意味着这个时间是专门为我预留、为我服务的。

人们在使用一个产品的时候，仪式感也能让人们对产品的期待变得强烈。你还记得果粒橙的那个广告吗？"喝前摇一摇。"当你在摇的过程中对橙汁的期待增强了，因为你的刻意行为在制造和促成美好的事情发生。这个时候大脑会释放大量的多巴胺，让你感到愉悦。这种情感会让你期待喝到更多的果粒，在喝饮料的时候你会更努力地用舌头感受划过舌尖的果粒。由于期待你变得特别努力地去体验果粒的存在，这时你所体验到的就不再是果粒本身，同时还有自我的意志——意志会放大感受到的每一粒果粒的存在。这就像有人给了你一块蛋糕，问你甜吗？你说不甜。但是他说你再吃一口尝尝，这时你体验到甜的意志就产生了。你的意志会放大你体验到的一丝丝甜意。由于你的意志渴望体验到甜，在你又尝了一口蛋糕时，只要感到一丝丝的甜。你就会说"甜"。这里甜不是蛋糕本身，而是你的意志。仪式感增强后也可以达到这样的效果，你对事物的期待让你体验到了自我意志制造的美好感。仪式让人们更容易体验到自己渴望体验到的美好感。但是，在人们看来这种美好感指向的是产品本身，而不是自己的意志（思想）。仪式感的增强让人们对产品留下美好的记忆。这样的记忆使得大脑的愉悦感与仪式行为之间建立了关联，要想体验到记忆中美好的体验，做这个行为就可以了。

我们曾经说过，事物对人们的价值是如何被增强的，那就是通过不断想象而被增强的。所以，人们在进行这种仪式的时候，就在不断地增强对事物的期待，期待就是在想象，就在增强其价值。

3 增强自我连接

每当我拿起手机浏览信息的时候，我总是在想看完这一屏就放下，然后去睡觉、去工作，或者开始写东西……但时常会有一种力量促使我一屏接一屏地看下去，我又想再刷一屏吧，再刷一屏就放下，结果就这样在不知不觉中刷了半小时。在互联网和智能手机的时代，不单单是我一个人有这样的困惑，人们每天平均有大约四五个小时在对着手机刷屏，刷屏已经成了人们生活的主要组成部分。人们不断地沉迷于手机中，这是因为你沉迷的那些APP都有一个共同的功能，那就是自我连接功能。

第三部分
自我锁：持久地将大脑锁住

自我连接就是人们想要遇见、看见、想到、确定、变成美好的自我，以及实现自我意志的所有行为。也就是说能激起人们进入渴望的，是那些能够让人们产生自我连接的行为和事物。接下来我们通过三种移动终端的产品，来看看这些新兴的信息载体是如何实现自我连接功能的。

确定未来的自我

人们对刷屏上瘾，其中一个重要的环节是刷屏这个简单的动作，不费什么力气，导致人们可以自觉自动地完成。而且这个行为还能为自己制造获得奖赏的可能。所以就刷屏这个行为本身来说，人们就很容易上瘾。刷屏上瘾的另外一个非常重要的环节，就是新。手指从屏幕划过制造了新的内容，这是人们对刷屏成瘾的另外一个重要原因。

当你的手指划过屏幕的时候，新结果产生了，而这个结果中很可能有你期待的东西。在这个大数据时代，从手机资讯客户端上获得自己期待的东西，这种奖赏的可能性大大提高了。当你在使用一款手机新闻资讯应用的时候，它会不断根据你上一次点击的内容，向你推送新的内容。这就大大提升了你看到自己想要看到的内容的可能性。比如你上一屏关注的是星座运程，你的手指在屏幕上一划，星座的下周运程就有可能出现。无论它推送给你的是什么样的星座信息，你都会选择性地去关注你期望中的信息。比如说你关注的是双子座的运程，那么，在刷下一屏的时候，系统就会向你推送双子座运程的内容；如果你关注的是双子座情感的问题，那么下一屏系统就会向你推送双子座情感的内容。

这其中还有一个非常重要的点，人们为什么会不停地看这些类似的内容呢？这是因为人们刷屏并不仅仅是为了看到更多自己期待的信息，而是想要证明自我期待的事情一定会发生。就比如你在关注星座信息的时候是带着一定的自我意志的——期待，希望自己下周的运程能够有加薪或者艳遇。一旦你有了这样的期待，你的行为就会对其进行维护，看到与其不相符的内容你会不相信，继续往下刷下一屏。这时你的自我意志已经产生了。当看到符合你期待的信息——下周会有加薪和艳遇的内容。你看完也还是会刷下一屏，因为你关注这个信息是为了确定自己的期待下周确实会发生。这意味着人们试图在当下确定未来的事情，也就是试图把未来的事情解决在当下。这可能吗？当然是不可能的。你每刷一屏，都是在强化这种期待，都是想要看到确切的信息来证实自己期待的事情会发生或者已经发生。我说过，让人们上瘾的是自我的执念。不断地刷屏就是在强化自我的某种执念。对自我执念的每一次强化，都会让大脑释放多巴胺，都会让人们体验到愉悦感。

类似这样的APP，你一旦开始使用，它就会越来越了解你，越来越清楚地知道你想要什么。它就会对你投其所好。你喜好什么？是美女图片、搞笑视频还是财经信息？无论你期待或者关注的是什么，在你刷屏的时候，都可能出现。刷屏的时候你就在制造一个与自我连接的工具——APP，制造一个越来越懂你的工具。它似乎成了

第三部分
自我锁：持久地将大脑锁住

你通向未来的一个器官。当你想要逃离眼前枯燥乏味的生活时，你就可以滑动它，从中获得快感，从而与想象的自我进行连接。这就是新闻资讯客户端这类的APP的自我连接方式。

看见美好的自我

接下来，我们再看美图秀秀这类的APP是如何实现自我连接的。美图秀秀的功能成功地让人们看到了美好的自我，与自我建立了连接，这是怎么做到的呢？大部分用户在发照片时都喜欢用美图秀秀的滤镜对自己的照片进行美化。它里面有各种功能，比如磨皮、增白、瘦脸，甚至是增高等。用户之所以这样做，就是为了让自己变成理想中的样子。只有这样才能让自己的照片更好。很多人是绝对不会把没有处理过的照片发到朋友圈的。你可以翻翻自己发的照片，有多少是没有处理过的，恐怕寥寥无几。这时你是否意识到，原来你是多么抗拒真实的自己。你抗拒自己不够瘦、不够白、皮肤不够细腻等。这款APP之所以有许多的追随者，就是因为它可以让自己看到自己变美、变理想后的样子。即便这时真实的自己并没有变成那样，但是看到自我理想中的样子，就是与自我的一种连接。这类工具把你美好的自我展现在了眼前。虽然是个虚构的照片，但那就是你渴望的样子。你的大部分意志就是为了让自己变成这个样子。看到照片上的形象你就感觉良好，感到强烈的自我存在感。所以，它在无形中成了用户真实的自己连接美好自我的器官，通过这个器官人们可以看到期待中的自我。

展示美好的自我

另外，像微信、Facebook，都和美图秀秀的功能有相似的地方。它们同样让用户产生自我连接的良好感觉，同样是表达自我的渠道和工具。我们可以看到微信上有很大一部分人不是晒饭，就是晒旅游、晒娃，总之是各种晒、各种秀。用户晒的这些东西大部分不是自己生活的常态，而是生活的精华，是美好的、修饰过的状态。没有几个人会把自己卸了妆的样子晒出来，也没有几个人会把自己吃工作餐的照片晒出来。即便有些人这样做了，也是他们认为自己这样很可爱，很真实。说白了，微信上晒的基本上是自认为美好的一面，而不是生活中平常、平淡、平庸的一面。人们晒和秀就是在抗拒自己乏味平淡的日常状态，是试图在表达自己的生活是有品位的、美好的和幸福的。人在晒时就在告诉自己和他人，自己是什么样子，而不是什么样子。这里最重要的是这些晒和秀的行为很多是刻意的，是硬要表现出自己美好的一面。比如不开心我也要硬咧着嘴装作开心，不可爱也硬要嘟嘴做出可爱的样子等。这种特别刻意的行为在某种情况下是带着自我意志和期待的。用户在晒和秀的行为中基于的期待就是试图与自我实现连接，这是在这类产品中自我连接功能最普遍的形式。

每一个产品经理都应该记住，每个人都抗拒空虚、乏味、无聊、无助、疲惫、平淡、平常的生活状态，这会让人们有强烈的匮乏感。自我意志很大程度上就是努力摆脱不如意的状态，让自己看到、想

第三部分
自我锁：持久地将大脑锁住

到、变成理想中自我的状态，告诉自己和他人，自己不是某种不如意的状态。要想实现这样的意志就需要渠道和工具。所以，在设计产品的时候，每个产品经理都要问问自己，自己的产品能让用户见到美好的自我吗？能为他们见到美好的自我提供可能吗？能够启动人们的自我意志吗？

即时的反馈

人们的大部分自我意志都试图与理想的自我连接。连接的增强就是让人们感到、体验到自己的行为实现了与自我的连接，这是所有有自我连接功能的产品的核心要素。连接的增强是在人们付出意志和努力后，得到了有效的反馈。手机 APP 之所以有很强的自我连接功能，和这种智能产品的存在形式有很大的关系。你的手指划过屏幕，系统就会反馈给你新的内容；你手指轻轻地点击，系统就会反馈给你想要看的内容。你对自己的照片执行的每一个指令，效果都会立即展现出来。磨皮，你的皮肤立即变嫩了；增高，你立即变高了，等等。最终你点击确认键，马上就可以看到自我理想的样子。你想展示自己很可爱，只要点击发送，所有的朋友都可以看到了。这都是你的行为立竿见影的效果，获得了即时的反馈。即时的反馈使得这种行为和自我意志之间建立了稳定的必然关联。

即时的反馈是增强自我连接功能的关键所在。假如你今天上班穿了一条新买的裙子，走在大街上没有吸引别人的眼球，走进办公室没有同事关注到，这样的话你借助这条裙子实现自我连接的效果就不强,下一次你很有可能就不会再穿这条裙子。但是如果走在街上有很多人看你,有同事说你穿这条裙子很好看,这种即时的反馈就增强了裙子与漂亮自我的关联,接下来你要想让自己看上去很漂亮就会穿这条裙子出门。所以,自我连接中即时的反馈是非常重要的。

第十六章
自我锁加密原则三:逃离的意志

1 增强自主感

在大部分的电商平台,在你购买某个商品的时候,商家会默认赠送一些产品的试用装。就比如在你购买某种零食的时候,会赠送一些小包装的新品零食。赠送这些产品的目的是为了让用户尝试商家的新产品,从而激活人们的需求。但是这种默认的选择对人们的影响并不大,并没有起到促进新品销售的目的。这其中一个重要的原因就是默认选项没有激活用户的决策意识,导致人们对赠送的产品毫无兴趣和印象。

在北京，每到秋天的时候，各个医院和社区都会免费为人们接种流感疫苗。但是，即便是免费的，能够积极主动接种疫苗的人还是很有限，还是有很多人不会主动接种疫苗。这让后续流感的大面积传播有可乘之机。普纳姆·凯勒和她的同事们曾做过一项研究，他们发现通过对默认的选项做一些小小的改动就能提高人们默认决策的效果，他们把这种方法叫作增强版主动选择。

通常情况下，我们看到的选项是，"如果今年秋天你想要打流感疫苗，就在此处打钩"。我们在生活中填各种表格的时候经常见到这种选项，但其实很多时候我们并没有什么印象，也没有什么感觉。所以这对我们的行为影响并不大。研究人员怎么对这个选项进行改变，从而提升它对人们的影响呢？他们把选项改成了"今年秋天我要打流感疫苗"和"今年秋天我不打流感疫苗"。结果发现，后者的描述方式让愿意接种疫苗的人增加了20%左右。

这个实验表明，在选择的时候如果能够增强自主意识，就会对人们的决策行为产生有效的影响。上面的实验就是通过改变对信息的陈述，增强了人们在选择时的自主意识。决策中自主感的增强提升了人们选择接种流感疫苗的概率。自主感增强就是让用户意识到自己在做一个决策，而不是别人强加给自己的。而这其中自主感是如何被增强的呢？

要想让用户在决策中的自主感增强，这其中需要掌握一些技巧。

第三部分
自我锁：持久地将大脑锁住

首先表述信息时将要不要的陈述变成以第一人称"我"为主语的陈述。这就意味着，这些信息是自己的表述，是我在说，我在与自己对话，我在和自己的理性商讨是否要做这样的决定。当人们的内在产生自我对话的时候，人们就会产生一种理性的错觉。这种做法使人们能够感受到自己在做一个决策，一个更理性的决策。在决策中让用户感受到这个决策是自己做出的，是非常重要的。自主感增强就是让人们的自我意识增强，通过用第一人称"我"，会将人们从无意识的状态，也就是默认的状态拉回到有意识状态，提醒自我这是在为自己做决定，让自己对这个问题投入思考和关注。自我意识的增强会使人们加大对问题判断的权重，从而让决策发生改变。

让人们产生自主意识，就是启动人们的理性，从而唤醒人们的某种意志。是什么意志呢？对人们来说决策就意味着风险，当人们在意识到在为自己做决策的时候，会唤醒风险意识，人们会认识到风险的存在。这就是当自主意识增强后人们规避风险的意志增强了。这时伴随而来的就是决策焦虑。决策焦虑中会伴随着避免风险和利益最大化的意志。这时人们会把更多注意力投入到信息中，加大对信息决策的权重。结果是人们为了避免风险改变了自己的行为。

增强自主感另外一点就是加强陈述的情感，从而增加信息对人们的影响。有一次，我在一个面包店里买了两块面包。在用微信付款的时候，页面弹出一个窗口，提示我可以领取50元的红包，我感到有点惊喜便点了领红包，这时系统提示我需要把这条信息分享给10个好友才能领50元的红包。二次弹窗"分享给10个好友"增强了我的自主意识，说明我在做出一个决策。这样的自主意识增强后让我意识到我要为我的决策负责。商家需要靠转发信息来为企业做宣传。但是，商家也许没有想到的是，有些用户是不会为了这种事情去打搅朋友的，我就是其中一个，所以我果断地点了关闭。但是系统并没有就这样放过我，它发觉没有实现对我的控制，这时进一步增强了信息中的情感，来对我进行进一步的控制。系统又弹出一个提示："你真的要错失领取 50 元的机会吗？"商家就是想借此来增强我对失去这次机会的厌恶心理，强调我正在丢掉 50 元。虽然让我感觉我在丢掉 50 元，心中有点遗憾。但是，这要看我对哪件事情的情感更强烈，一个是打搅 10 个朋友，一个是失去 50 元。当然我更看重的是友情。所以，商家在设计信息的时候一定搞清楚用户的情感重心在哪里，是 10 个朋友还是 50 元钱。要不然就是无效信息。这条信息要想有效就要削弱"分享给 10 个好友"这条信息的情感，削弱用户害怕打搅到朋友们的顾虑。

在设计信息的时候，一定要精准把握用户的情感心理。如果不是害怕打搅朋友，大部分人对 50 元的诱惑是没有抵抗力的。上面的实验也证明了这一点。研究者们对选项做了进一步的修改，结果发现效果也变好了。他们把选项改成了"今年秋天我会打流感疫苗，因为我想降低得流感的风险，并且节省 50 美元"或者是"今天秋天我不打流感疫苗，即便我患流感的风险会更高，而且无法节省 50 美元"。这样改动使得选择打疫苗的被试又增加了 15%。这就是在自主感和厌恶感增强的时候，信息中失去、错失的情感增强了，这样

第三部分
自我锁：持久地将大脑锁住

的情感激起了人们逃离不利决策的意愿。

那么，我们在购买零食的时候，默认赠送一份小包装的新品零食。这样的默认选择该如何增强自主感，从而更有效地实现促进新品销售的效果呢？你可以让消费者在以下两种选项中做选择：我期待获得一份精致的某某产品试用装；或者，我想放弃获得一份精致的某某产品试用装的机会。

这样的选项增强了用户自我决策的意识，同时也增强了陈述的情感。陈述中期待、精致、放弃、尝试这些字眼都是在增强情感。特别是"我想放弃获得一份精致的某某产品试用装的机会"，当你读到这句话的时候，你会感觉自己正在与一个美好的可能擦肩而过，正在失去一种免费的美好体验的可能。这是每个人都不允许的。前面我们说到过免费行为对人们的影响的强烈，所以在这种情况下，大部分人都会选择获得一份精致的试用装。这样的决策过程也激起了人们对这份小小赠品的期待，这会让赠品促进销售的这一营销策略更有效。总之，自主感增强人们就会自动地放大决策的风险和规避决策的风险，这时就会影响到人们的决策。

2　重设有效的参照点

我曾经说过，人们是不知道自己真正想要什么的，人们的大部分追求都是在环境和他人的影响下产生的。

这里我们先来思考一个问题，你看到很多女孩看上去并不胖，但她们总是在减肥；你看到很多女孩长得并不丑，但是她们整天想着去美容和整容。这到底是为什么呢？这是因为她们的参照标准存在问题。现如今大部分人认为网红脸才算漂亮，所以她们非要把自己整成那样大的眼睛和那样尖的下巴。很多女孩其实不胖，而她们认为自己胖，她们的参照点是什么呢？大部分时候是广告中的模特。其实，这和人们内心深处普遍存在一种对自己的抗拒心理有密切关系。

很多时候人们的参照点是个无法触及的假象和幻想，这个假象是通过非常专业的手段打造出来的。大部分的减肥广告中模特都是百里挑一或者万里挑一的健身模特，他们大部分时间都泡在健身房里，有专业的健身教练，通过饮食控制等一系列的严格训练才练成那样——有健美的马甲线。当你看到这样的模特拍摄的广告，看到他们的马甲线，看到他们的 A4 腰（A4 纸宽的腰）……你认为只有瘦成这样才算瘦，此时商家就成功通过广告在你的心中预设了瘦的标准。看了广告再看看自己，没有 A4 腰、马甲线，顿时感觉自己好胖。

还有化妆品广告中，模特的皮肤吹弹可破、柔嫩白皙、360 度无死角。这样的皮肤存在吗？恐怕只是极其少的个别现象。广告中模特的样子是各种后期技术包装的结果。你看到广告后就会认为健康的皮肤应该是那样的。一旦你有了这样的信念，你心中就有了追求完美皮肤和身材的参照点。商家做广告，很多时候就是为了把你带

第三部分
自我锁：持久地将大脑锁住

上这条不归路——永远无法企及的超级完美皮肤和身材。这就是很多商家传播的信息中潜移默化地在做的事情——重置参照点。但是，这个标准大部分时候是不可触及的，这只会让你更不喜欢自己、更抗拒自己。实际上，那些明星不化妆、不打光，皮肤也是蜡黄蜡黄的。而你却因为一个广告不再喜欢自己了。这就是标准激起了你逃离的意志。

记得有一次我去买眼镜，在挑选的时候，感觉试戴哪个框都不舒服、不顺眼。这时我有点想放弃，服务员好像看出了我的心思，就问我说："你的眼镜戴了多久了。"我说："快三年了吧。"这时服务员对我说："都戴了三年了，早该换了，一般眼镜一年半就要换，最多不能超过两年。"我还是头一回听专业人士说眼镜也是有寿命的，在我的观念里眼镜只有坏了的时候才会换。他给的这个标准让我顿时感觉自己戴的这个眼镜实在是太老了，随时都会有散架的可能。这样的说法让我感觉一直以来我在做一件错的事。他的这个标准成了我后来换眼镜的一个标准。人们最怕的就是自己一直以来以一种不自知、不如意、不理想的方式存在着。所以，这样的标准让我有逃离不理想状态的冲动。

很多时候人们认为自己不容易受到外界的干扰，其实呢？你看看你穿的，你吃的，你说的话，你用的东西……有多少不是在他人的影响下做出选择的？恐怕寥寥无几。如果你心中的渴望能像很多产品那样有个追溯码的话，你就会发现，很多需求都是在他人的影响下产生的。人们没有那么明智和理性，很多事情都是潜移默化中发生的。前段时间我在网上看到一个视频，讲的是日本人的用品有多少是中国制造的。在进行街头采访的时候，大部分日本用户都认为自己很少用中国制造的产品。然后摄制组就来到一个用户的家中，一件一件查看他家的东西，是中国产的就搬出去。结果惊人的事情发生了，当他们仔细去看产品标签的时候，发现大部分产品都是中国制造，结果搬到最后，家里几乎搬空了，只剩下几件用品。采用同样的方式，在大街上随便找一个人，让他们把身上穿的中国制造的衣服脱下来。大部分人认为自己从不买中国制造的东西，但当他们仔细翻看标签的时候，却都傻了眼。结果有一个女孩脱到最后，只剩下了内衣内裤，那还是因为不能再脱了留下的。不看这个小视频，中国制造在我的印象中只是概念，根本想不到中国制造会如此强大，几乎遍布世界各地的每一个角落。也许这个小视频有娱乐的成分在，但不影响其结果。其实，很多时候我们并不知道什么事情正悄悄地发生在自己身上，自己正在被什么影响着。

这里我们还需要思考一个问题，为什么很多时候你会在网上看到那些化妆品广告代言明星卸妆后的真实照片并不像广告中那样光鲜亮丽，而你还是会消费他们代言的产品。这是因为广告给人们开启了一种可能，无论做出来是怎样的效果，总之是让人们看到了可以变成那样的可能，哪怕是画出来的、整出来的。这才是最重要的，标准很多时候就是一种可能性。就像很多女孩用美图秀秀修自己的照片，她知道那不是自己真实的样子，但她就是喜欢那样的自己。这就涉及一个重要的问题，自我连接很多时候是思想和执念、意志

第三部分
自我锁：持久地将大脑锁住

的完成，而不是事实的完成。这是什么意思呢？你可以看看你的书架或者衣架，看看有多少书是你没有看过的，看看有多少衣服你很少穿的。你会发现大部分书没有看，大部分衣服很少穿，那么你为什么还在不停地买呢？这就是因为你要的是买的感觉，而不是用的本身。你在买的那一刻的购买行为，已经实现了自我连接，即得到产品我会怎样的想法。之后，如果你能继续使用，那还是在一个想法的作用下完成的，那还是在自我连接。所以，人们在乎的是是否能够自我连接，开启一种可能，变成自我的想法。也就是产品是否激起了人们的想法，而不是真的有用。这就是为什么很多时候，你明明知道那些标准是不切实际的，你还是会追随，这就是因为标准给了你可能，开启了关于美好的可能。人们看重的是美好的想法本身，所以再离谱的美好标准人们也愿意追随。

生活中，人们渴望逃离一种状态，就是因为自己的参照点出了问题。而这参照点往往是过于完美的。只要你能展示完美的标准，人们就会愿意接受，人们就会抗拒自己。

3 假设一种负面可能

人们很善于运用假设一种负面的可能来控制他人。看看下面的话是不是你曾说过的：

你对孩子说："你不完成今天的作业，周末就不带你去公园玩了。"

你对爱人说："你记不住我的生日，就证明你不爱我。"

老板对你说："如果完成不了这个月的业绩，我们将会失去市场的优势。"

……

这其中都是为对方假设了一种负面可能的存在，试图影响控制他人的行为。人们总是习惯用这样的言辞，就足以说明这种言辞的效果是显而易见的，是很直接的。

不但如此，很多时候你也是在为自己假设了一些负面可能的情况下，调整和改变着自己的行为。就比如你在一家餐厅吃饭，你很饿，菜一上来你就像饿虎扑食一样吃了起来。这时，你想到别人会不会觉得自己很不雅。你这样一想，就会开始收敛自己张牙舞爪的样子，变得斯文起来，动作也没有那么豪放了，声音也没有那么响了，嘴也张得没那么大了。是什么作用在瞬间影响了你呢？就是假设。你假设了一种力量在看着你，大脑向你发出指令，一定是它监控到了一种可能性，或者说预测到一种可能性。

人们为什么会产生压力？为什么会焦虑？这其中最重要的就是大脑监控到了一种负面的可能。你在工作中压力大，是因为你关注到的某些线索，让你感觉自己恐怕无法完成公司制定的业绩；你考

第三部分
自我锁：持久地将大脑锁住

前焦虑是恐惧自己会考砸，或者感觉自己没有复习好，等等。这一切都是你预设了一种负面的可能才唤起了负面情绪，无论是压力还是焦虑都是想要对抗这种未来的负面可能性。

这里我们要思考的是，什么样的负面假设更有效。首先设定你要改变人们什么行为？然后把行为与他人在意的事和人联系起来。就比如果你不完成作业，周末就不带你去动物园玩了。不去动物园玩，这对孩子来说是非常重要的事情。

为了假设的可能性的效果更明显，你还可以将其与人格特质联系起来。也就是如果出现这样的可能，就将意味着你是个怎样的人。比如如果自己减肥不成功，就意味着自己是个自控力不强的人，就意味着自己无法控制欲望。所以你需要用某某产品，来帮助自己瘦下来。

假设的最高境界，就是让他人感到这种假设无处不在，即将你的一种负面的行为与一个无处不在的事物和形象联系起来，就比如"你最好不要心存邪念，上帝一直在看着你，你的一举一动它都能感知到，你会受到上帝的惩罚的等"。人们假设和想象出来的这种负面状态，可以为人们制造一种无形的压力，促使人们做出某种行为。

大脑眶额叶区有预测未来的功能。大脑可以根据一些线索预测和假设事情未来可能的样子，人们可以根据现有的信息感知未来事情可能发展成的样子。大脑在预测未来的时候，会释放多巴胺促使人们产生行动的动力,通过行动来避免未来可能发生的负面可能,或者通过行动来与未来正面的可能进行对接。所以,假设一种负面的可能就会激起人们抗拒和逃离的意志,来避免错误、失败、挫败、失控、低效、萎缩、失去、失误、减少、流失等。

4 感到自我是一种负面的存在

让人们体验到自己在以一种负面的状态存在着,比如不尽如人意的状态、不仁不义的状态、老土的状态、错误的状态等负面的状态,人们就会很容产生补偿心理,想要通过某种行为来对自己的负面存在进行补救和弥补。那么如何让用户体验到自我的负面状态呢?

增强自责感

当信息暗示着自己是一种负面的存在的时候,人们的行为也很容易出现改变。但是这里我们要增强的人们的负面感觉,并不是越强越好,而是达到能够改变人们行为的限度即可。

让人们产生自责感的一个技巧就是指出他人的某种行为是冒失的、不妥的。现在,微信成了一个广告泛滥的重灾区。很多销售人员把微信作为拓展业务的新领地,他们会想尽一切办法来添加目标客户,推销自己的产品。这样一来,如何让目标客户把自己添加为好友,就成了重要的一步。有些销售人员就抓住了人们自责的心理,因此屡屡得逞。他们是怎么做到的呢?比如,我的微信很少有陌生

第三部分
自我锁：持久地将大脑锁住

人知道，如果是朋友加我，一定是认识的人。可是经常会有人要添加我，一看就是要推销产品，当然我也是置之不理。但是，有些添加信息总是能让我产生添加对方的冲动。他们的添加信息是这样写的："程志良，你怎么把我给删除了？"乍一看，我马上会想，我这是把谁给删除了？这样的口吻让人们感觉自己好像做了一件很不地道的事情，居然把一个朋友给删除了，心中马上会有一种自责感产生。当自责感来袭的时候，即便你会怀疑是不是推销的微信，你还是会情不自禁地点击加好友。第一个原因是想要马上采取一种行动来补偿和挽救自己的冒失行为；第二个原因是要避免自己第二次犯错。结果是，很多时候你添加后发现上当了。但是我们一定要记住的是，很多技巧第一次使用的时候会有神效，但是重复使用时人们就会适应，对这种行为免疫。

另外一种激起人们自责感的技巧就是对他更好。当他人做了对不起你的事情的时候，不要直接说他错了，而是要更加对他好，这样更能唤起人们的自责感。我在一部电影中看到这样一幕，夫妻俩都有了外遇。这天丈夫得知妻子又去和情人约会了，他便暗中跟随，当看到妻子和情人约会的时候，他并没有上去揭穿他们，而是给妻子打了个电话，说自己多么爱对方，希望对方晚上回家的时候路上要小心。妻子接完电话就不再像接电话前那样和情人又说又笑了，她马上产生了一种自责感，于是便匆匆忙忙地告别了情人，跑回家给丈夫做饭去了。做饭就是在体验到自责感和内疚感时产生的一种补偿行为。

你一定有过这样的时候,当你逛商场的时候,走到一家服装店门前,服务员说进来看看,看看有没有喜欢的可以试一试。当你进去后,只要你停留在一件衣服前,他就让你试试。他们可以不厌其烦地为你拿各种型号和款式的衣服来让你试穿。如果你试穿了半天,最后一件也看不上,这时你就会有一种自责感。你会认为人家这样不厌其烦地给自己拿衣服,而自己却一件也看不上,自己真是个难伺候的人。还有的人是在网上看了衣服,不知道合不合身,特意到线下店去试穿。服务员不厌其烦地为你服务,你心中的自责感和罪恶感就会更强烈。很多时候你会至少买一件再走。还比如,你就想在一个咖啡馆闲坐一会儿,其实你不想喝咖啡,也不想消费别的。但是你看到服务员对你笑脸相迎,你看见别人的桌子上都放着咖啡,你坐在那里免费享受着这一切,你的心中马上就会有一种自责感和罪恶感。所以,即便是最低消费标准你也会来一份。

这就是服务的最高境界——对顾客足够好,足够开放。只要你能做到,就把你的那些担心放在肚子里吧,每个人都过不了自我这一关,你的好会让顾客对你有所回报的。

增强挫败感

人们在做事情的时候,心中都带着一种设定和预期,当事情不是自己认为的那样或者没有达到自己的预期就会产生挫败感。在挫败感的作用下,人们会特别渴望摆脱无助的、不知所措的状态,这时人们就会试图抓住任何可以抓住的东西。所以,人们在受挫的状

第三部分
自我锁：持久地将大脑锁住

态下是很容受到其他人的影响的。

魔术师达伦·布朗，同时也是催眠师和心理学家，曾做过一个真人秀的电视节目叫《达伦·布朗：就范》。测试人们在什么情况下会产生社会屈从心理。达伦·布朗的目的是要在72分钟之内将一个正常人变成一个杀人犯。研究人员通过面试挑选出一名被试，这名被试是一个IT男，通过测试发现他的智商属于正常水平。栏目组邀请这位被试参加一个精心设计的慈善宴会的启动仪式，他们要做第一件事就是通过挫败感激发被试的屈从心理。研究人员没有告诉被试要参加的是一个高档的宴会，让被试穿着随意一点就可以，结果被试穿了一件普通的衬衣就来了。当被试走进会场一看傻了眼，原来参加宴会的人都穿得很正式，西装革履很雅致，而自己却穿得很随意。研究人员就是要通过这种反差来让被试感觉自己低人一等，从而产生挫败感。我想你也有这样的经历，出席重要宴会或者朋友的聚会时，很在意自己穿得是不是体面。如果到场一看自己穿得很寒酸，你在整个宴会中都会不自在，很想溜之大吉。这就是挫败心理造成的。低人一等的挫败心理会让被试很容易追随权威。在被试的这种心理产生后，宴会现场的管理人员就来指使被试做端盘子、拎包这样的事情。本来是来参加宴会的人，瞬间变成了一个服务人员，因为人们在受挫后会很容易屈从于权威。屈从就是人们在受挫后产生一种补偿心理。

人们在遭受挫败的时候很容易屈从权威，或者是试图逃离。这个实验就是通过抓住人们的屈从心理，引导被试最终走向杀人这条道路的。这一次,在真正杀人的最后一刻被试还是拒绝了。

我们前面说过,联合其他因素进行评估可以改变人们的偏好。我们假设小雯想要减肥,当她看到巧克力蛋糕的时候,就会流口水,这时她会有一种想吃的冲动。但是她一想自己减肥是为了保持身材。她想到自己的闺蜜,那曼妙的身材,在穿泳衣的时候可算是风光无限,吸引了全场男士的目光。想到这里她对身材的渴望阻止了她对蛋糕的渴望。

你认为小雯这样就不吃那块蛋糕了吗?如果没有别的信息介入,小雯是可以在当下控制住自己吃蛋糕的欲望。但是,如果在这个时候唤起小雯的挫败感和厌恶感,她对身材的渴望就会消失,她会毫不犹豫地把蛋糕给吃掉。就比如在这时,和她一起的闺蜜看出了她的心事,说了这样一句话,小雯马上对自己的身材失去了坚持。闺蜜说:"每次吃蛋糕,你都说要减肥,你又不是没有减过,一直也不见效果,有些人是喝水都是会长肉的,这就是命啊。"小雯一听这话,她想了想自己减肥的苦难经历,再看看自己的水桶腰,想想朋友穿泳衣的身材,嫉妒心顿时生起,这其中夹杂着强烈的沮丧感,于是狠心说:"吃了这顿再说吧。"

为什么闺蜜这些话,会打消掉小雯对曼妙身材的渴望呢?就是因为看到自己肥胖的事实,与闺蜜前凸后翘的身材对比产生了挫败感,感觉自己也许永远成不了闺蜜那样,也许自己就是有肥胖的基因,无药可救。这样的信息暗示着她的努力都会以失败告终。这让

第三部分
自我锁：持久地将大脑锁住

小雯放弃了对蛋糕的抵制，放任自己去吃。

当人们渴望一种状态的时候，让人们看到真实的自己与想象之间的差距，感受到失败、无能为力、失误等负面的情感，人们会产生沮丧和挫败的糟糕自我感觉。这样的心理会有效地影响人们的行为。

第十七章

自我锁加密原则四：逆反心理

1　人人都有坚硬的壳

很多人都听过这样一个小故事，北风和太阳指着一个路人打赌，看谁的本事大，能够把路人的衣服剥下来。北风信心满满地说这简单，我用力一吹他的衣服就会被刮掉。北风于是就用力地吹了起来，可它越是用力地吹，路人就越是用手把自己的衣服裹得紧紧的。结果是无论它多么用力吹，都没能把路人的衣服脱下来。接下来，太阳说看我的，只见太阳提高了几度温度，那个路人便把衣服给一层

第三部分
自我锁：持久地将大脑锁住

一层地脱了下来。

这个故事中北风和太阳的行为正是人们对自我信念和认知维护的两个方面。要想改变一个人的自我，你要像北风认为的那样，直接指出对方的问题，人们只能是像北风吹在身上一样，死死地抓住自己的观点，誓死捍卫自我，也就是激起人们的逆反心理。相反的，如果你要像太阳那样在路人的体温基础上增加几度，路人就会直接把衣服脱掉。也就是如果你顺着人们的自我来，人们就很容易积极主动的改变自己的态度和行动。你要想改变人们的观念就要深刻地认识到人的自我是如何更新的。接下来我们就来看看如何利用人们对自我维护的模式，以及自我锁加密的两种方法：逆反心理和认知傲慢。

其实，自我锁都是在利用自我的属性来将人们的大脑锁上。你可以将信息设计成符合自我运作模式的样子，让自我自觉自动地把你的信息带进自己的大脑。也就是让信息成为强化自我的工具。在这一节我们先来看如何利用人们的逆反心理对信息进行加密。

你知道当大脑接收到不符合自我信念的信息时，会产生什么反应吗？就比如你认为女人30岁结婚才是最佳年龄。如果你听到反对的观点，你感觉大脑会做出什么反应？心理学家和神经学家研究发现，当大脑接收到与自我信念不相符的信息时，大脑会自动关闭。也就是说，当信息威胁到自我信念时，大脑会自动锁上，以此来抵制和抗拒被说服和被影响。

锁脑

神经科学家凯文·邓巴（Kevin N. Dunbar）对被试的大脑扫描发现，当被试看到符合自我观点的数据时，与学习相关的区域被激活了。而当被试看到与自我观念不相符的数据时，大脑的学习区域并没有什么反应，而是激活了大脑中抑制思考的脑区。邓巴的研究发现当你直接指出人们的错误时，人们是不会轻易接受新的观点、积极做出改变的。相反的，人们会抗拒改变。

心理学家罗斯、安德森等人发现，一旦人们接受了某种错误的信息，就很难再改变它。在实验中，他们向被试灌输了一种信念，并表示这些观念和结论是正确的，并展示了一些支持这些结论的证据。接下来实验剧情开始反转，研究者告诉被试那些结论和证据是捏造的，是用来骗被试的。然而，不可思议的是，只有25%的人接受了新的观念，大部分人仍然坚持原先的结论。

生活中我们经常会遇到这样的情况，你越是不让父母买那些保健品，他们就越是不听你的，而且变本加厉。你越是想改变某个同事的某个观点，就发现他越是无法动摇。这给我们揭示了生活中普遍存在的一种现象：我们越是竭力想证明自己的理论和解释是正确的，我们就对挑战自我信念的信息越抗拒。

这一切都表明，人们一旦确定和内化某种观念，这些观念就会进入人们的信念系统，成为自我信念。随之自我意志也会产生，人们就会维护它、保护它，要想改变这些信念就会非常难。即便你提供很多有据可依的证据，人们也不会接受。这就表明了信念可以独

第三部分
自我锁：持久地将大脑锁住

立存在，即便支持信息的证据被否定，信念也可以存在。之所以信念能够脱离事实而存在，最重要的原因是人们的自我意志。否定了自我相信的东西，就等于否定了自我，也就是否定了我这个人。而这些信念都是自我建立起来的铜墙铁壁，如果墙倒了，这就意味着自我不存在了。那么我又是谁呢？我是我们坚持的信念本身。在心理学上这种现象称为信念固着。你要记住信念是服务于自我的，而不是服务于事实的。但是这并不代表人们不可以接触真理，但是需要时间，也需要不牵扯到自我。

2 不可能，绝对不可能

当人们遇到与自我相违背的信息时，人们不但不会改变，相反的会激起人们抗拒的意志，这种意志会促使人们去反复验证和求证自己所坚信的观念。也就是当你反对一个人的时候，他不但不会接受你的建议，相反的，你的反对会激起他去找各种理由来维护自己的原有观念。在这种情况下，人们为了强化自我观念会去重复地做一些事情，来验证自己原有的观点。

普林斯顿大学的心理学家做过一项研究验证了人们的这种心理现象。他们要求被试们把一块试纸浸泡在自己的唾液中。其实，试纸只是普通的纸，没有特别功能。把这些纸条放在唾液中更不会有任何反应。研究者告诉其中一组被试，如果有病，唾液中的纸条会变绿。告诉另一组被试，如果纸条变绿了就意味着没有病。纸条会在 20 秒后显示结果。

结果发现，纸条变绿表示有病的被试，在等结果的时候，他们都只等到 20 秒就会放弃，只有 18% 的人做了第二次测试。而有病纸条不变绿的被试，在等待结果的时候，他们大部分人等待的时间都超过了 20 秒，有 52% 的人再次做了测试。有病纸条不会变绿的被试等的时间较长，而且有一半的人重复了测验，这充分表明人们在面对与自我信念相背离的信息时做出了自我维护和强化的行为。毕竟每个人都认为疾病离自己很遥远，不太可能发生在自己身上，这是人们的普遍观念。人们不愿看到和接受与自我信念不相符的信息，所以会试图重复测验来证实自己没有病。

在生活中这样的现象我们经常看到，当你的女友忽然发现，来例假的时间已经推迟了半个月，于是你们决定拿验孕棒测试一下，结果发现，是两条红线，这表示怀孕了。这时，你们是否会再进一步测试呢？大部分人是会进行第二次测试的。同样的，当人们发现自己患了癌症时，大部分人都会进一步确认，进行二次检查，甚至是更多次的检查。这就是当出现与自我意愿不符的信息时，激起的人们的抗拒和逆反心理——认为不可能，绝对不可能。这种心理会促使人们抗拒事实，重复一些行为来维护自己的信念和意愿。心理学上也把这种现象叫作逆火效应。

这就是当事实违背自我意愿的时候，人们会抗拒事实，渴望进一步求证和重复验证的心理。你可以试试在网上查看自己 2018 年的

第三部分
自我锁：持久地将大脑锁住

生肖运程，如果你看到自己明年的运势不好，你多半认为它说的不对，接下来你会花更多的精力去看自己的生肖运程。人们会通过强化和维护来稳固自己的信念，让自己更加相信自己是对的。

3 逆着他来才能顺了你意

在人们的心中，对一些事物的认知是早就存在的，而不是面对事物的时候才产生的。就如一杯咖啡多少钱，在人们的心目中有个简单的判断。但是如果这个价位超出人们的认知，就会很容易激起人们逆反心理。人们的逆反心理一旦被激起，自我反向维护的行为也会伴随而来。就比如当你认为一杯咖啡大概30元的时候，商家卖到60元，就会激起你的反向维护行为。你会做什么呢？你有可能会在只需要放一块糖的咖啡里放两块糖，使用更多的餐巾纸，更有可能的是占着位子不走，在咖啡厅里耗更长时间。

但是，这些行为对咖啡厅有什么坏处呢？你赖在那里不走当然是商家求之不得的，这样证明咖啡厅的人气很高。国内有些卖奶茶的店不是还专门花钱雇人来排队吗？一个店没有人气销量怎么会好？商家当然希望你待在那里不走，即便人很多，他们也喜欢，因为越是这样，人越多。即便你一杯咖啡放两块糖，甚至更多，一块糖的成本才有多少，商家早把这些成本算进去了。如果一家咖啡厅老是没有位置，你认为它好吗？大部分人会认为它好。把价格提高一点就能提高店里的人气，这不是一举两得的事情吗？人们这时做出的行为就是在维护自我信念,就是基于自己对一杯咖啡值多少钱的信念展开的。

我们再来看看另外一个案例。前段时间,同事给我分享了一次她的购物经历,她说前几天在网上看到达芙妮的鞋在促销,19元一双还包邮。虽然是一些断码的鞋,而且颜色也不是很好,即便这样,我的同事也认为19元不可能买到好鞋。这是她对一双好鞋值多少钱的一个信念。也就是她认为19元是买不到好鞋的。当出现与自我信念相违背的信息——19元一双鞋还包邮,这时她是不会相信的。接下来她试着去详细看鞋子的时候,翻了半天都没有找到自己喜欢的。这是为什么呢?这就是逆反心理在起作用。她认为19元买不到好鞋这样的信念导致她看每双鞋都能找到其缺点,不是硌脚,就是容易开胶,要不就不是真皮等。这些想法都是维护在自我信念,即19元买不到好鞋。总之,选来选去一双也没有选上。我想商家也不希望你选上,因为19元有些地方连邮费都不够。商家也知道就这个品牌的定位人群能相信19元买到好鞋的人不多。商家只是借助你的自我信念,做了一个后悔心理的营销,恐怕后面还有跟进策略。当你的逆反心理让你错过一次机会的时候,下次再遇上这样的机会时,你会毫不犹豫地抓住,即便那时鞋涨到80、90元一双。这就是信息设计的技巧。对用户的牵制和影响是一组信息在发挥作用,而不是某个单一的技巧就能一次性实现你的目标。当然商家也不是真的希望你在此时消费,只是想制造你错过的机会,好让你珍惜下一次出现的促销机会。我的同事在上午看到了这个促销信息,当下午她想再

第三部分
自我锁:持久地将大脑锁住

去看的时候,19元的促销活动已经结束了。

我们来看我的那个同事,她是在选鞋码?不是,她是在证明自己的观念是对的,也就是在维护自己的观点,而不是在选鞋。这其中的是人们证明自己是对的的意志,而不是要选一双鞋的意愿。心理学上有个概念叫作元认知,就是对自己思维本身的思考。科学家通过研究发现,人们用在思考否定自己信息上的时间远远多于肯定自己信息的时间。符合自我信念的信息能够顺利地通过人们的大脑,就比如地球是圆的、地球有引力等。如果是与自我信念相背离的信息,大脑就会卡在那里,投入更多的关注。你要明白的一点是,人们很多时候要的不是事实,而是抗拒否定本身。

4 成为人们信念的一部分

未来的商业社会是一个以你为中心的世界,也就是未来将是个围绕你的自我运作的商业世界。你的世界越来越自我,这个世界越来越懂你。

当你在京东商城浏览过产品后,平台就会根据你浏览的痕迹为你匹配商品。如果你浏览了《成瘾:如何设计让人上瘾的产品、品牌和观念》这本书,你的京东手机客户端首页上的一些栏目,系统就会自动地为你匹配上有关品牌营销的书籍,以及该分类的销量榜等。如果你刚看过一条裙子,系统就会为你匹配其他一些裙子的产品。可以说，整个京东手机客户端的首页，很大程度上是围绕你的喜好匹配的信息。这是因为他们知道根据你的喜好匹配信息可以最高效地促成交易。这样要比给你提供不确定你喜欢不喜欢的产品信息的成功率高很多。

我们在前面说到过新闻和资讯的APP、美图秀秀、微信等产品，都是根据用户的自我意志来开发的产品。你可以根据自我的意志，来使用产品和编辑信息，同时系统也会通过你的使用痕迹来为你推送认为你感兴趣的信息。在大数据时代有个词叫作"算法"，系统采用算法来处理信息。要想了解用户对什么感兴趣，就需要知道用户的自我需求是什么、是如何运作的，只有知道这些你才能设计出用户真正感兴趣的产品。

在信息时代，人们越来越了解人类的行为模式，产品越来越懂用户。在这个信息的世界里，你的自我信念很难遭到质疑。无论是谁对你提出反对意见，你都可以借助这些工具轻易找到符合自我信念的信息，让你更加坚信自我。因为在信息时代，太多信息充斥在你的周围，你随时可以找到自己想要的东西。

未来产品的智能化，就是要产品成为你信念的一部分，成为你肚子里的"蛔虫"。商家深知，成为用户信念的一部分，要比告诉用户什么是对的、什么是好的更能走进用户的内心。

第十八章
自我锁加密原则五：认知傲慢

1. 尝到甜头，就吃不了苦头

从下面这张图中你能看到什么？当你看到图片中的狗时，再让你回到没有看到狗的状态，是很难的。一旦你看到了图中的狗，这种认知会在很大程度上影响你对这幅图的理解。这就是所谓的"知识的诅咒"——人们无法脱离现有的知识去看这个世界。也就是一旦你接受了新的认知，就很难再回到之前的状态，你的思维模式就会受到现有知识的影响。

你现在可以回想一下,你以前交往过的那些恋人,你们两个的关系如何?大部分没有和恋人在一起的人,会认为自己和恋人当时相处得并不融洽。其实,这恐怕更多的是你现在的想法。其实你们在一起的时候还是挺美好的,要不你们当时为什么会在一起呢?今天你的看法恐怕是陷入了自我一致性偏见,你在以"现在没有在一起"的结果去解读你们过去的关系。你把你现在对恋人的看法,看作你一贯对恋人的看法。

特伦特大学的伊莱恩·莎菲(Elaine Scharfe)和西蒙·弗雷泽大学的吉姆·巴塞洛缪(Kim Bartholomew)在1998年的时候做过一个实验。他们要求被试评价自己与恋人的关系。这些被试的感情状况各不相同,有的正与恋人处于热恋中,有的正在同居,还有的已经结婚。研究人员让被试填写一份问卷调查,这份问卷涉及的问题包括对方是否经常发脾气,以及你感觉你们的关系能持续多久。调查结束后8个月,研究人员让被试重新回答问卷的问题,并且让他们回忆自己之前是怎么回答这些问题的。结果发现,和恋人关系一直保持不变的被试,大部分能想起第一次自己是怎么回答的。但是

第三部分
自我锁：持久地将大脑锁住

那些和恋人关系有所进展或者是比之前的关系更加恶化的被试，都记不清以前自己是怎么回答这些问题了，在这种局面下，78%的女性和87%的男性被试，都不能准确地回忆以前的自己的感觉。这就是人们现在对恋人的感觉决定了人们对恋人之前的记忆。人们一旦接受现在的观点和状态就很难再回想起之前的观点和状态。人们站在现在回看过去，会自动地让事物过去的记忆与现在保持一致。

这就是人们为什么认为自我是一致的、稳定不变的。这是因为大脑无法恢复和构建过去对事物的想法和认知。一旦接受新的观念，大脑就想不起这个信念最初的和之前的样子。大脑会认为新的信念就是自己一直以来保持和坚持的信念。研究发现，被试被问起之前他们对一件事情的观点时，他们往往说的是现在所持有的新观点，而不是之前的观点。所以被试才认为没有和女友在一起是因为他们关系一直就不融洽。之所以会出现这种现象，原因是大脑在当下对过去的事物记忆的构建更多的是服务于当前自我的需求和意志的。也就是在当下，你为什么要回忆起过去，在影响着你对过去记忆的构建。

这就像当你用过iPhone7后，是无法摆脱iPhone7的认知去使用iPhone6的。你老是会用iPhone7的标准去衡量iPhone6，如果想要摆脱iPhone7的诅咒就需要继续买iPhone8。新的认知会让你摆脱诅咒，也会让你产生新的诅咒。所以，要想改变人们现有的认知，就要为人们提供新的体验和知识。自我在接收到新的知识和体验的时候，会自动将其吸纳入自我的认知系统当中，让其成为自我认知和信念的一部分。所以想改变他人的观念和认知就要升级人的自我观念，而不是直接否定它。

我们可以利用人们的这种自我认知特点来经营自己的产品。你要想改变用户对产品的看法，就要向让用户看到自己使用后的效果。也就是让用户看到新结果，产生新的认知。如果你的产品能够带给用户好处，就要把这种好处呈现出来。让用户看到、感受到结果的方式有以下几种：

1. 向用户展示使用后的理想效果；

2. 让用户使用后看到效果；

3. 让用户想象自己使用后的结果；

4. 展示超越现实的美好情景等。

很多赌场在刚开业的时候会搞大酬宾，故意让玩家赢钱。这就是要在玩家的心中形成超乎寻常的体验，也叫超感体验，即制造超强感官和心理刺激，超越人们一般的日常生活的体验。这种赢钱的状态会让大脑释放大量的多巴胺，给人留下深刻印象。然后人们就会认为赢钱的状态是一种理所当然的状态，是随时可以发生。接下来玩家会对之前赢钱的感觉念念不忘，不停地想要来赢钱。赌场营造的超感体验，诱使玩家不停地追求这种状态。KTV、酒吧、高档会所都在营造超感体验，在人们的心中留下超乎寻常的体验。人们

第三部分
自我锁：持久地将大脑锁住

一旦接触、体验过，就无法再坦然接受平淡的状态。就像有句话说的那样，一旦让人们尝到甜头，就可能再也吃不了苦头。

让用户感受到效果和结果，就是对用户现有的认知进行升级。一旦让人们看到他们美好的样子，就很难接受自己过去和现在的状态，这就是产品中温柔的诅咒。让用户感受到产品带来的美好，这样你就可以轻轻松松地把一个想法和执念植入他人的大脑。

2 启动既定的自我

借助人们自我保持一致性的这种心理，你可以将人们的自我优先预设在一个范围内，这样人们的行为就会与预设的自我保持一致。比如预设你是个追求品质的人，你后来的行为就会更像个追求品质的人。

有一次，我拿一双鞋去修鞋跟。修鞋的师傅要 60 元，我说这也太贵了吧。师傅说："你这鞋最少也的 1 000 元，如果我给你配个 3、400 元的鞋的鞋跟，只要 30 元，你愿意吗？你肯定不愿意，质量和 1 000 元的鞋也不配啊。"我想是啊，配个差点的鞋跟对不起我这双鞋，于是就爽快地答应了。

当你将用户放进一个预先设定的框架里，用户就会产生思维的一致性，围绕这个框架去思考问题。把这双鞋放在 1 000 元的框架里去思考，配个 60 元的鞋跟就不算贵。如果换个 30 元的鞋跟，你会感觉与1 000元的鞋不配。所以放进1 000元的框架里，花60元修鞋跟就变得理所当然，你也就能坦然接受。

还有一次，我在苹果专卖店买手机，买完手机服务员问我要不要给手机贴膜吗。我一问居然要160元，在别的地方只要四五十元。他看我有点犹豫就说："别的地方可能很便宜，但不一定是真的，这是钢化玻璃防摔的。"他接着说："你能买得起这么贵的一个手机，还在乎那100元吗？"我想是啊，万一摔一下，屏幕碎了可不是这个价格。于是我毫不犹豫地让他给我贴了个膜。服务员把我买手机的行为放进一个追求品质的框架里，告诉我手机膜也在这个框架里。这里贴的膜最配在这里买的手机，我很容易就接受了。但是，我的手机用了没多久一不小心掉在地上，贴的膜就碎了，服务员不是说不怕摔吗？这就是在那一刻，我的大脑为了追求自我的一致性花160元贴了手机膜。

你向用户推销你的产品的时候，要先将用户设定在一个既定的状态里。让用户感受到自己已经这样做了，自己是这样的人。接下来把你推销的产品放进这个用户已经存在的框架里，用户就会很坦然地接受你推销的产品。在预设的时候你可以将用户的任何人格特质作为预先的设定。就比如你对用户说"你是个聪明人，你知道这其中没有太大的利润"，这样用户就会容易接受你的报价；让他人认识到自己是个慷慨的人，接下来他们就更愿意捐款；让他人认识到自己是个善良的人，接下来他们就更愿意帮助别人；让他人认识到自己是个勇敢的人，他们就更愿意舍身相救。你的产品呢？更让用

第三部分
自我锁:持久地将大脑锁住

户显得怎样呢?你就要让用户意识到他们是那样的人。

将用户设定在既定的状态里,是个很有学问的技巧。不但可以通过人们的人格特质进行预先设定,也可以通过人的外在特点进行预先设定。比如你这么年轻,很适合穿这件红色的衣服。这就是对用户做了设定,设定用户是年轻人。然后,告诉用户红色很适合年轻人。还比如你的皮肤好,适合这款纯天然的化妆品等。这就是让用户认识到自己是怎样的人,比如年轻人、皮肤好、个子高、说话好听、眼睛漂亮等,然后告诉用户你这样的人应该做什么的事。

将用户放进既定的框架就是脑锁,当然这些既定的框架都是积极正面的,人们很容易将随后的行为与预设保持一致。因为人们相信自己是那样的人,这符合人们的自我信念。所以一旦将用户放进既定的框架,他们就会很容易接受你往这个框架里填充的内容。

3 抗拒的局面下,如何升级他人的认知

我们都知道有一种游戏叫作"我来比划你来猜"。如果你玩过,当看到老虎这个词的时候,你会感觉很简单,但是,无论你怎么比划对方总是猜不到。这时你会想对方怎么这么笨,这么简单都猜不中。反过来,当对方来比划,你来猜的时候,对方同样会感觉你很笨。这就是当你知道这个词是什么的时候,产生了认知傲慢。一旦知道、感受到人们就会被诅咒,回不到从前。同样的,一旦知道,

伴随而来的就是自我认知的第二个特点——认知傲慢。当人们知道事实后，就会认为不过如此，这个理所当然，我就知道是这样的。这就是知道后，你产生的一种傲慢心理，即所谓的"事后诸葛亮"。保罗·斯洛维克和巴鲁克·菲斯霍夫通过研究证明，人们事后看事情，会觉得事情显而易见，而且人们会认为事情是可预测的。在人们看到一些知识和研究结果后，会变得不那么惊讶，认为这很简单，我本来就知道。当你看完这本书的时候，也会感觉这本书不过如此，这些都是我知道的内容，我就知道他会这样写。这就是你在看完这本书的时候，获得知识后产生的一种认知傲慢——我就知道会是这样。这是你回不到看这本书前的状态所导致的一种心理偏见。

认知傲慢中还有一种表现就是前面我们说到的，一旦人们认为自己知道，如果想要直接改变人们所知道的观点，人们就会产生抗拒心理。所以当别人知道是什么的时候，想要直接改变人们对事物信念和态度就是件非常难得事情。但是只要掌握一些技巧就可以利用人们的认知傲慢的心理将人们的大脑锁上。

《逍遥法外》这部电影中有这样一段情节。男主角弗兰克是FBI追查的通缉犯，他曾把自己伪装成飞行员、医生等各身份到处行骗。FBI探员卡尔一路追查。有一天卡尔终于把弗兰克堵在了一个宾馆里，他拿着枪冲进房间，用枪指着弗兰克，让他举起手来。这时你认为弗兰克还能有反转局面的余地吗？当然弗兰克成功地完成了局面的反转，逃脱了卡尔之手。他利用的就是卡尔的认知傲慢心理。

第三部分
自我锁：持久地将大脑锁住

面对卡尔拿着枪指着自己的困境，弗兰克非常冷静。他知道卡尔从没有见过自己。他灵机一动说："你来晚了，我叫艾伦，是特工处的探员，嫌犯跳窗逃走时被我的助理逮住，刚被带走了。"卡尔不信，还是拿枪指着他说："我不知道你在说什么。"弗兰克淡定地说："你以为就你们在查这个案子吗？要知道逃犯也在伪造政府的支票。"说着他把自己伪造的政府支票拿给卡尔看。他说："我追查他的行踪已经有好几个月了……"卡尔当然还是不信，让弗兰克出示证件。这下可把弗兰克难住了，他只好把整个钱包给了卡尔。卡尔还没打开钱包，就被弗兰克叫到窗边，他指着楼下一个年轻人扶着一个盲人正在上车的情景说："你看窗外，我的搭档正在押他上车呢。"卡尔这才放松了警惕。弗兰克找借口要把证据搬到车上，然后就溜走了。

这就是弗兰克利用了卡尔的认知傲慢而成功脱身的经典案例。当卡尔用枪指着弗兰克的时候，弗兰克并没有说你走错屋了，因为这意味着卡尔错了。卡尔是不会轻易相信的，恐怕直接就会把弗兰克按在地上。弗兰克默认卡尔来对了，找对地方了。当然卡尔也坚信这下自己终于逮到了那个通缉犯。弗兰克先肯定对方的认知，让对方在第一时间放松警惕和防备，这是利用认知傲慢影响他人最重要的一步。紧接着就是"建立统一战线"，把自己包装成和卡尔一样的身份和角色，告诉卡尔我和你是一样的，这样一来卡尔怀疑弗兰克就等于在怀疑他自己。卡尔为了保持自我的一致性，只能放松对弗兰克的怀疑。然后，弗兰克和卡尔站在一起用同样的角度去审视那个罪犯,这让卡尔认为弗兰克做的事情就是自己要做的事情。

这其中弗兰克讲的那个故事是非常重要的。"你以为就你们在查这个案子吗?要知道逃犯也在伪造政府的支票……你看窗外,我的搭档正在押他上车呢……"这是弗兰克在向卡尔展示新案情。卡尔在听到这些案情时,会更新对这个案件的认知。卡尔在升级认知的同时,也就接受了弗兰克这套说辞,接受了弗兰克。就这样弗兰克轻松地控制了卡尔的大脑。

我们来整理一下这其中的思路:首先,肯定和认同他人;其次,把他人放进与自我一致的模式里;然后,升级他人的认知;最后,让他人接受你的信息。

4　让他人产生心理优势

人们的大脑会对你提供的信息第一时间形成直觉锁。很多时候,商家不知道用户对自己的产品已经形成了怎样的直觉锁,还是一味地按照自己的思路向用户传达信息。这时你的信息基本是无效的,因为人们的大脑已经被直觉所给锁上了。这时你就需要知道如何才能解除人们已经形成的直觉锁,这样你的信息才能进入人们的大脑。有一种方法就是向对方坦露心声。

在电影《逍遥法外》中,有几处都利用了这种技巧。有一个情节是弗兰克为了得到一套飞行员的服装,到泛亚航空指定的裁缝店

第三部分
自我锁：持久地将大脑锁住

定制衣服。老裁缝在给他量尺寸的时候，对他说："你这么年轻，不像是飞行员。"（毕竟那时候弗兰克才十七八岁）弗兰克说："我是副机师。"老裁缝看到他的手在抖就问他："你为什么这么紧张？"当然老裁缝是对的，弗兰克是很紧张，因为他是个骗子。弗兰克当然不能说自己是个骗子，更不能说自己没有抖，因为明明自己就是在浑身哆嗦。于是，他就利用了人们的认知傲慢，根据裁缝发现的事实编了一个故事，他说："刚参加工作，第一个星期就把制服弄丢了，当然紧张。"这样的解释打消了老裁缝对他的怀疑，老裁缝反而安慰他让他放心。当大脑发现了一种状况时，很渴望得到一个合理的解释，这个时候，如果你否定了大脑发现的事实是行不通的，这会引起人们的抗拒心理。这时就需要根据人们的发现，讲个合理的故事，把大脑的发现合理化。

在将这个故事的时候，一定要找准一个原则，那就是要让老裁缝产生心理优势。能让他人产生心理优势的方法就是袒露心声，表现出你的真诚。老裁缝之所以对弗兰克放松警惕，是因为弗兰克讲了一件难以启齿的事。他向老裁缝袒露了自己的心声，这让老裁缝产生了"我猜中了，我发现了，我就知道"的心理优越感。这样的心理优势会让老裁缝麻痹自我，让自己毫不怀疑地接受对方的说辞。

在《通勤营救》这部电影中，也有一个情节用到了这个技巧。男主角迈克要在一列火车上找到一个叫普兰的人，但迈克不知道他长什么样、是男是女，当然名字也是假的，只知道普兰在哪一站下车。火车上这么多人他怎么找呢？这让他无从下手。于是他就找到了一个列车服务员，问对方："我想找个在某某站下车的人，该怎么找？"列车员当然不会告诉他了，谁知道他要找这个人做什么，万一他是个坏人呢。在列车员用质疑的眼神打量男主角的时候，男主角灵机一动，讲了一个难以启齿的故事。他怎么讲的呢？他说："我在网上认识了一个网友，她很调皮，要让我在火车上找她，我们又没有见过面，只知道她在哪一站下车。"这时，列车员露出尴尬的笑，他指着男主角说："哦我知道，没想到你这么大年纪了还玩这种游戏。"于是告诉了男主角该怎么找在某一站下车的人。

向他人透漏一点难以启齿的、有点尴尬的事，人们就会产生心理优势，对你放松警惕。人们在面对他人一些奇怪的问题时，总是会认为他人不怀好意，这就是人们在第一时间对信息的反应。首先你要肯定对方的认识和感觉，然后根据这种认识讲一个难以启齿的故事，让对方产生心理优势。

一旦产生心理优势，人们的认知傲慢就会增强。在这种情况下，人们气认为局面在自己的控制之下，放松对他人的警惕，从而站在心理优势的高地对他人敞开心扉。

5　根据用户偏见讲故事

很多时候，人们在没有看到一些事物的时候，对事物的偏见和信念就已经存在，而不是看到事物的时候才产生了某种偏见。比如

第三部分
自我锁：持久地将大脑锁住

你没有看到一个胖子的时候，就已经对他存在偏见了。你认为胖子行动不灵活、不健康等，这种偏见不是看到胖子之后才产生的。看到胖子后大脑只是简单地做了情感和认知的匹配。想改变用户的这种偏见是非常难的。所以这时你就不能直接说，你这种认识不对。你这样做只会让他人产生抗拒心理，人们会找出各种证据来反驳你。即便你把扎扎实实的证据摆在面前，他们也不会相信你。记住人们要的不是事实，而是感觉，特别是面对暗示着自己对错、好坏的信息时更是这样。要想改变用户的现有认知和情感，就要抓住人们的认知傲慢心理，编一个人们能猜到开头但猜不到结尾的故事，在故事中改变人们的观点。在产品的营销过程中，如何利用这点把自己的产品包装出个性就变得非常重要了。因为如果你不知道人们对信息的已有认知是怎样的，只是一味地从自己的角度来占领用户的大脑，很多时候只是一厢情愿罢了。

小米的空气净化器，价格定在1 000元左右。人们看到产品的定价就会引发连贯思维，认为低价格就是低端产品，性能等各个方面就不会特别好。这是人们的普遍认知。在这种时候，这个品牌的净化器就不能再宣传高端、性能全面了，商家即便说得天花乱坠消费者也不会相信，因为人们对这个价位的产品早就有了心理偏见。在这种情况下，也不要说企业不挣钱，或者说挣得是其他产品的钱等解释，一般情况下消费者不会相信。消费者不管什么时候都只关心产品能解决自己的什么问题，而不是企业多么具有雷锋精神。这与自我太不相关。这样的说辞会分散消费者关注点，消费者会开始琢磨你到底是怎么挣钱的。这样的话就削弱了消费者对产品的关注。所以把消费者的关注点引向产品解决了消费者的哪些核心需求上来，才是这1 000元定价要解决的问题。

这时商家就应该讲一个1 000元引发的故事，让消费者认识到1 000元足够解决雾霾的问题，而不是说我这个产品各方面都好。一定要记住的是，当用户关注到你的产品时候，会凭直觉对信息做出判断，就是我们前面说到的会产生直觉锁。这时商家说什么都很难改变用户心中的偏见，而你可以借助自我锁正向同化的原则来解除直觉锁，换成自我锁来控制用户的头脑。你需要根据用户的认知偏见讲个由偏见引发的故事，在故事中将用户认知引向你渴望他们去的地方，也就是讲一个1 000元可以解决用户核心问题的故事。这样用户会容易接受你的产品和观念，更相信这1 000元所创造的价值。

我在京东超市发现一个现象，同样是新疆的枣，大枣卖得价格既高、销量又好，而小枣卖得就不太好，价格也上不去。看过产品你就会发现，大部分卖小枣的商家都是在大枣的框架下卖枣，都是在说小枣比大枣好在哪里，但还是卖不动。这其中就有商家没有把握消费者认知的原因。当消费者在看产品页的时候，第一感觉就是这是小枣。在人们的心里小就是比大差，你是改变不了用户对小枣的印象和偏见的。如果你这时非要拿大枣来和小枣比较，恐怕也是在变相发现大枣的好。

这时你能不能完全抛开大枣的阴影，以小枣的小为主题来编一

第三部分
自我锁：持久地将大脑锁住

个故事呢？首先，你要告诉消费者，你们买的就是枣的小。讲一个小故事，比如说小枣皮薄、无核，可以用于制作枣泥馅的食物以及熬粥用。你要做的是发现小的价值，认同小，以小做文章来讲故事。一定要记住，任何借助其他模式来卖小枣的方式，都是在回避用户对小的偏见。商家一定要直接从用户对小的偏见处讲故事，击中用户的核心需求才是有效的方法。在产品的营销中，商家必须具备一种能力，那就是根据用户对产品可能存在的偏见编故事的能力。

一、我们是谁？

瘾力大师

我们专注于大脑决策模式研究和商业行为设计

二、我们的核心技术是什么？

我们已经掌握了商业行为设计的三大核心模式
1、成瘾模式
2、锁脑模式
3、成瘾模式

基于以上技术，我们构建起了一个科学、有效、精准的头脑控制模型。

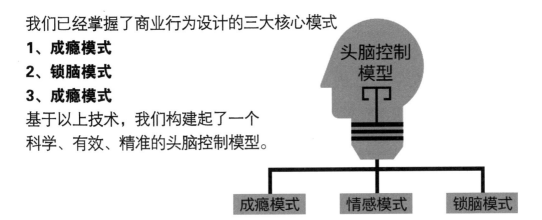

三、我们能解决什么问题？

　　我们通过信息优化和行为设计来精准地影响消费者的行为，从而帮助企业解决一些棘手的问题。
　　比如需求设计，产品设计、用户增长、信息传播优化、用户体验升级、广告和营销模式优化、企业发展瓶颈突破、品牌瘾力注入……
　　从一个想法到一个让消费者上瘾的品牌，企业成长的第一个环节和细节，都可以利用这个头脑控制模型进行优化和设计。

扫描二维码，关注"瘾力大师"公众号，
即可获得一项免费的商业行为评估。